岡田尊司

さやすい人たち

HSPの真実と克服への道

GS
幻冬舎新書
460

はじめに
小さいことに苦しむがゆえの、大きな苦しみ

理解されにくい生きづらさ

この本を手に取ってくれた方は、きっと過敏《かびん》なために苦労されてきた方に違いありません。

正直に言うと、私自身、幼い頃から過敏な神経と心に苦しんできた一人です。

私が精神科医になったことは、間違いなく、そのことと関係していたでしょうし、過敏だからこそ、患者さんのつらさを実感できるという点では、適職に出会えたとも言えるかもしれません。

私自身そうだからわかるのですが、過敏でない人には、そのつらさはなかなか理解できないものです。過敏さを抱えていることによる困難の半分以上は、過敏であること自体よりも、その過敏さが理解されないことにあると言ってもいいほどです。

鈍感な人からすると、過敏な人は、せいぜい繊細すぎる臆病者か、下手をすると、非常識な人間のようにみえてしまいます。

私自身、引っ越して二週間で、また引っ越しをしたことがあります。大学生のときのことでした。なけなしの金をはたかねばなりませんでしたし、当時から本だけはたくさんもっていたので、大変な労力でした。でも、そうするしかなかったのです。

アパートの近くを千葉街道が走っていて、交差点で減速したり加速する自動車のエンジン音に耐え切れなくなったのです。といっても、すぐそばを道路が走っているわけではありません。アパートは、一軒分奥まったところに建っていたのです。それで私自身、大丈夫だろうと思ってそこに決めたのですが、自分の聴覚過敏を、まだよく理解していなかったのです。

その次に見つけ出した家は、同じ轍《てつ》を踏まないように、車の通る道路からずっと奥まった、大きなお寺と精神科病院の裏側に建っているアパートでした。完璧な物件に思えましたが、前の失敗に懲りていたので、私も慎重でした。何度も足を運び、アパートの横に立って耳を澄ましたものです。いつ行っても、静まり返っているのを確かめてから契約しました。

ところが、引っ越した翌朝のことです。私は轟音《ごうおん》で目を覚ましました。轟音は空から降ってきていました。飛行機です。そこはちょうど、成田空港から東京湾方面に抜ける航空路線の真下に当たっていて、一日に何便か、恐ろしい音を立ててジェット機が上空を通過するのです。

文字通り頭を抱えました。もう引っ越しする金もないし、どうすることもできませんでした。ただ幸いだったのは、二十四時間騒音が続く道路と違って、飛行機は通過する数分を耐えれば、あとはまた静けさを取り戻すという点でした。

結局そこで、私は一年暮らすことになりました。一生で一番哲学書を読んだのも、哲学を諦めて、医学部を受験し直すための勉強をしたのも、そのアパートででした。

少しは騒音に耐性がついたかと言うと、まったくその様子もなく、その後も相変わらず、道路や線路から可能な限り遠ざかろうとするので、勢い住む場所は人里離れた山の上のような場所になりました。東京を逃げ出して、京都に行ったのも、その一環というところでした。

変わったことと言えば、次から引っ越しするときには、道路だけでなく、空の方にも注意を払うようになったことくらいです。それにしても、これからアパートを借りようとする人間が、不動産屋さんに、「この上を、飛行機が通りませんよね?」と、真顔で質問するというのも珍妙なものです。

「非常識な人間」とみなされかねないという意味は、そういう状況を想像して、初めてわかっていただけることです。過敏な人間と、そうでない人間の間では、「常識」が大きく違ってしまうのです。

過敏さは深く根を張った問題を映している

過敏な人が、一般の社会で苦しい思いをするのは、常識が共有できない人の方が、多数派だからだとも言えます。過敏な人も過敏でないふりをして、苦痛を耐え忍びながら、楽しそうに周りに合わせなければならないということも多いに違いありません。

お読みいただいている方が、過敏な傾向をおもちの場合は、ご自身の特性について改めて理解を深め、どういうライフスタイルや工夫が、快適に、そしてできれば幸せに生きていく上で有効か、先人の知恵や最新の研究成果を知っていただければと思います。

過敏な傾向をおもちでない場合は、直接には必要ないかもしれませんが、ぜひ過敏な人が、どういう異なる「常識」の世界で暮らしているのかを知り、少しでも理解と思いやりの心をもっていただければと思います。

私の過敏さとの付き合いは、音に対する過敏さから始まったように思っていたのですが、精神科医となり、同じような苦しみを抱えた多くの人々と接する中で、過敏さというものについて、より深く学ぶにつれて、それは突き出した氷山の一角にすぎず、本体はもっと大きなもので、その人の存在の根底に深くかかわっているということを確信するようになりました。

そう思って振り返ったとき、その人の過敏性《かびんせい》は、生まれもった体質だけで決まるといったような単純な話ではなく、それが育まれる長い過程があり、一人一人が、それを抱えて生き抜いてきた哀切な歴史とともにあるということを、はっきりと感じています。

音に対する感覚の過敏さでも、他人からすると滑稽なほどに大騒ぎをし、山の上にまで逃げ惑うという事態を引き起こすわけですが、愛されないことや蔑まれることへの過敏さをもつと、次元の違う痛みと苦しみがもたらされることになります。それはときには、人の命を奪うほどです。

人が幸福に生きるということにしろ、社会でうまくやっていくということにしろ、本気で考えようとするのならば、過敏性というものに対する理解が不可欠なのです。

医学概念になり切れないHSP（敏感すぎる人）

このことは、専門家が感じるよりも先に、実際に過敏性に苦しんでいる人たちが感じていたことかもしれません。そうした潜在的なニーズに応えるように、近年HSPという用語が広まり、専門家よりも一般の人の間で使われるようになりました。

HSPは"Highly Sensitive Person"（「敏感すぎる人」の意味）の略語です。この用語を初めて使ったのは、ユング派の心理療法家であるエレイン・N・アーロンという人で、その著書が多くの人に読まれたことから、一般の人の間にその言い方が広まったわけです。

しかし、精神医学や臨床心理学の専門家は、この用語やその概念について、ほとんど黙殺してきました。誰もまともに相手にしなかったのです。きちんと精神医学や臨床心理学を修め、研究してきた専門家ほど、まともに取り上げる気もしなかったというのが現状です。

その理由はいくつかありますが、一つには「敏感すぎる」という症状だけで、その傾向がある人について一般化して論じることが、あまりにも乱暴で科学的な精緻さに欠けた議論とみなされたからです。一つの症状だけで一くくりにしたのでは、的外れな理解や見当違いなアドバイスを生んでしまう危険もあるからです。

それは、たとえて言うならば、「熱が高い」というたった一つの症状から、ひとまとめに「熱病」といった診断を下し、同じ一つの対処法を教えるようなものです。

熱が高いという同じ症状でも、インフルエンザや扁桃腺炎《へんとうせんえん》のこともあれば、結核や細菌性の肺炎が隠れていることもあるでしょうし、ときには、白血病や悪性リンパ腫といった病気によるものかもしれません。診断を間違うことは、命取りになりかねません。正確な診断をし、原因に応じた治療や対処を行わなければ、予後にもかかわります。

敏感すぎるという症状でも、性質が異なるものが混じっています。不安が強い遺伝的体質による場合もあるでしょうし、叩《たた》かれて育ち、安心感がいつも脅かされた結果、そうなっている場合もあるでしょう。逆に、過保護な環境で育ち、守られすぎて、ストレスへの耐性がついていないという場合もあるでしょう。

同じ過敏さでも、まったく別の神経系が関与していることも知られています。不安の制御に深くかかわる神経系の働きが弱いことでも、過敏になり、不安を感じやすくなりますが、別の神経系が働きすぎることでも、過敏になることがあります。

　その代表が、ドーパミン系です。ある種の病気になりかかっている人では、ドーパミン系が過剰に働く状態になっています。その状態は、脳に起きている火災にたとえられます。こうした過敏さを単なる傾向と思って放置していると、症状がどんどん進行してしまいます。すぐに適切な治療を開始しておけば、ボヤで消し止められたのに、「性格」のように思って放っておいたばかりに、大火事になってしまうこともあるのです。

「敏感すぎる」という特性だけで、一くくりにする議論には、そうした落とし穴や危険が潜んでいるのです。それゆえ、精神医学の専門家は、こうした一つの特性だけで、ひとまとめにして論じるという点に危うさを感じてしまい、まともに取り上げてこなかったというのが実情です。

　そうしたいかにも素人的な発想が生まれたのも、提唱者のアーロンが、ユング派の心理療法家で、あまり厳密で科学的な議論にこだわらないということがあったからでしょう。これは、アーロンの弱みであるとともに、強みでもあると思われます。

　ユング派にはユング派の優れた面があるわけですが、科学的客観性という点では、あいまいなところを本性的に抱えているとも言えます。ユング自身が、占星術やタロット占い、降霊術といったことを研究対象とする中で、集合的無意識（個人や民族を超えて人類が共有する普遍的イメージや構造）や共時性（因果性の原理を超えて複数の出来事が同時に起きること）といった独自の理論を打ち立てた人です。むしろ科学的でないことに、その意義や魅力があったと言っても過言ではないほどです。

ＨＳＰという概念は、そうしたユング派の女性の心理療法家が、ごく一般向けに書いた本において、読者にわかりやすく説明するために用いた概念なわけです。

感覚過敏や神経過敏といった病態について、神経生理学や精神医学の知識をもつ専門家からすると、ＨＳＰという概念が、どう感じられ、受け止められたか、その間の事情が、少しおわかりいただけたでしょうか。

もう一つたとえて言うならば、ガンという病気について、肺ガンや大腸ガンの専門医が詳細な分類に基づいて診断し、最善の治療法の組み合わせを必死で模索しているときに、「ガンは断食で治る」とか、「ガンは放置すればいい」というような暴論に、見向きもしないのと同じことなのです。

千人に一人くらい断食で腫瘍が小さくなったり、放置しても進行しない人もいるかもしれませんが、そうした例外を一般化することは、やはり危険で無責任ということになるでしょう。そもそもガンといった多様なものを、一くくりにして論じること自体が、専門家のすることではないと思われてしまうのです。

しかし、ネット時代の今日では、専門家がどう評価するかなどおかまいなしに、人々の関心とニーズがあれば、そして、それがわかりやすいものであれば、どんどん広がっていきます。HSPという用語が、本来の専門用語であるかどうかになど関係なく、あたかも専門用語のように使われるようになるわけです。

過敏性を通して、自分への理解を深める

ただ、そのことは、逆に言えば、それだけ多くの人が、過敏な症状に悩まされているということでしょうし、そうした実情に対して、精神医学や臨床心理学が十分応えていなかったということでもあるでしょう。

病名がつくレベルの人だけでなく、その裾野には、程度は軽いものの、過敏さのために、生活に支障を感じたり、人生が萎縮したものになったりしている人が、もっとたくさんいるということです。専門家は、症状の重い人には診断や手当てを行ってきたものの、もっと軽度なレベルの人には、診断さえしてこなかったという現状があるでしょう。

近年、精神医学の世界では、以前考えられていたほど、病気の状態と健常な状態に明確な差があるわけではなく、どの病態も、無限のグラデーションをもつ「スペクトラム（連続体）」だと理解されるようになっています。

たとえば、かつて自閉症と呼ばれていた状態は、自閉スペクトラム症というスペクトラムとしてとらえられ、日常生活にも大きな支障がある重度なものから、まったく普通に社会生活を営み、研究者や企業のトップとして活躍できる軽度なものまでを含む、広がりのある概念となっています。

しかし、HSPという一症状だけでくくった概念とは違い、自閉スペクトラム症の場合には、重症度の違いはあれ、いくつもの共通する特性が認められ、根底に、共通する脳の病態や神経学的病理、遺伝子タイプなどが見出《みいだ》されています。対処の仕方としても、共通するところが大きいわけです。

自閉スペクトラム症やADHD（注意欠如・多動症）のような発達障害についての理解が、より軽症のものにまで広がったように、敏感さという傾向についても、その成因や背景にまでもっと理解を深め、適切な対処法を知ることで生活上での困難を減らし、よりふさわしいライフスタイルを手に入れたり、できれば改善したいと感じている人が少なくないということだと思います。

その意味で、過敏な状態について、きちんと医学的な知識や根拠に基づいて正しい理解を深めることは、喫緊の課題だと言えるでしょう。

精神医学的には、HSPという用語は用いられてきませんでしたが、過敏性についての膨大な研究が行われてきており、遺伝子レベルから心理的レベルに至るまで、多くのことがわかってきています。

過敏と言っても、多様な要素を含んでいて、原因もさまざまです。その人の特性や体質と言えるものもあれば、中には早く治療した方がいいものもあるわけです。また、過敏性をとっかかりとして、その背景を探っていくうちに、その人が抱えている、より根本的な課題が見えてくることもあるでしょう。

本書には、過敏性についてのこれまでの研究成果や臨床的知見に加えて、より身近な問題として感じていただくために、多くの具体的事例を盛り込んでいます。筆者のクリニックで行った調査の結果や、今回新たに開発した過敏性のチェックリストも、ご自分の傾向を知るのに役立てていただければと思います。

日々の生活における支障や将来に潜む危険を減らすためにはどうするのがよいのか、有効な対処法や生き方の知恵についても述べていきたいと思います。

過敏性について学んでいくことは、ご自身の遺伝的背景や育ってきた歴史と向き合い、ご自身への理解を深めることにもつながるでしょう。そして、その学びを通して、より良い人生への洞察やヒントが得られることを願っています。

過敏で傷つきやすい人たち／目次

図版作成・DTP 美創

す。

人生を左右する過敏性

心地よいはずのBGM。それが苦痛で仕方がない人がいるということは、なかなか理解されません。ラウンジでテレビがついていたりすると、それを耐え難く感じてしまう人もいるのです。

普段は穏やかな人が、音がする場所にいると、たちまちイライラし始めるという場合もあります。自分でどうすることもできない音が、勝手に頭の奥にまで侵入し、思考の邪魔をしてしまうと、頭を乗っ取られたようにさえ感じてしまうのです。

商店が並ぶ、ただの通り。しかし、嗅覚が過敏な人にとっては、拷問のように感じられることもあります。店々から流れ出す匂いが、鼻を覆いたくなるほど不快に感じられてしまうのです。思春期の同級生たちが発する匂いや、弁当箱や靴の中から漂い出す臭気が苦痛で、教室に入りづらくなる子もいます。

ある新人の医師は、外科医になる夢を断念してしまいました。手術室があんなに臭気に満ちているとは、想像していなかったのです。彼は血を見ても平気だったのですが、電気メスで皮膚が焦げる匂いをかいだとき、卒倒しそうになりました。肝臓の手術は特に匂いがきつく、しばらくは焼き鳥が食べられなくなったと言います。もっと最悪だったのは、整形外科の手術で、鼻をつくような骨が焦げる匂いでした。

大きな音が苦手な人にとっては、脳外科医になることもハードルが高いに違いありません。頭蓋骨を挽《ひ》き切って開頭するときに用いるクラニオトームというドリルのお化けのようなものが、ものすごい音を立てるのです。この音を聞いただけで、真っ青になる人もいるでしょう。

そういう特別な音だけでなく、生活音が気になって、耳栓なしでは暮らせない人もいます。電車に乗る、エレベーターに乗る、車に乗る、地下道を通るといった日常の当たり前のことが苦痛で仕方なく、社会生活を大幅に縮小させてしまう人もいるのです。

程度の差はあれ、こうした例は、意外に身近に潜んでいますが、なかなか周囲には気づかれにくいものです。周りから変に思われることを恐れて、当事者が自分からは言わないことも多いからです。外出や社会生活に大きな困難が生じ、引きこもってしまう場合もあります。

過敏性は、ある意味、人生を左右してしまうほどなのです。感覚の過敏性だけでも、そのインパクトは小さくありませんが、さらに、心理的な過敏性となると、もっと深刻な影響を及ぼすのです。

過敏な人はどれくらいいるのか

では、そもそも過敏な傾向をもつ人は、どのくらいいるのでしょうか。実は、その問いに答えるのは意外に難しい問題です。一般人口を対象に調査を行う場合、そこには方法的な難しさがあるのです。なぜなら、そもそも何を基準にして、過敏であるかないかを決めるのかという問題があるからです。

多くの場合、その傾向が強いか弱いかは、その集団の平均値と、標準偏差（散らばり具合の平均）をもとに、平均値から上または下にどれくらい逸《そ》れているか（それを偏差と言います）、その偏差が標準偏差の何倍かということで、その傾向がどのくらいあるかを評価します。それを使った代表が、悪名の高い偏差値という指標です。

平均点と同じ得点を偏差値50として、標準偏差一つ分高い得点は偏差値60、二つ分高い得点だと偏差値70となります。偏差値60は上位16％に相当し、偏差値70は上位２％に相当します。逆に、偏差値40は下位16％、偏差値30は下位２％を意味します。

しかし、その集団が、とても優秀な子どもばかりであれば、偏差値40でも、他の集団にいけば偏差値60となるかもしれません。あくまで相対的な評価なので、比べるのが難しいのです。

どんな集団でも、平均より上の人は半分いて、平均より下の人も半分いるわけです。つまり平均より過敏な人も同じように半分いるということになります。

しかし、半分の人は平均より過敏だと言っても、何も言っていないのと同じわけで、こういうのを詭弁《きべん》と呼ぶわけです。

こうしたパラドックスを抜け出すための方法としては、二つあります。

一つは、自分で評価してもらうという自己評価法です。たとえば、0〜10までの11段階で評価してもらい、6以上を過敏だと感じていると判定するわけです。何ら客観的な指標ではないのですが、過敏さというものは、そもそも主観的な現象なので、ある意味、本人にしかわからないとも言えるわけです。

この方法を使って、韓国の二つの都市の住民二千人を対象に、大規模な調査が行われました。その結果、過敏だと感じている人の割合は、44%にも上ったのです。多数派とまではいきませんが、都市部で暮らす人のうち、過敏だと感じている人は、もはやそれほど少数派ではないのです。

過敏性は心身の不調にどう影響するか

もう一つの方法は、大きな集団で調べた平均値や標準偏差から、過敏性の基準を導き出し、それを絶対的な基準として用いることです。感覚プロファイルという検査では、この方法が使われています。個人の判定だけでなく、ある小さな集団に過敏な人がどれくらいいるのかを判定することもできます。

実際に、筆者のクリニックの外来を訪れた人を調べてみると、たとえば、感覚が著しく過敏と判定されたのは27％、過敏と判定されたのは27％、平均的と判定されたのは43％、あまり過敏でないと判定されたのは3％、まったく過敏でないと判定されたのは0％でした。つまり、54％の人に感覚過敏な傾向が認められたのです。

これを、大きな集団（母集団）の割合と比べてみましょう。母集団では著しく過敏な人は2％、過敏な人（著しく過敏な人を除く）は14％、平均的な人は68％いることになります。本来は2％しかいないはずの著しく過敏な人がクリニックの外来では27％もいるという結果は、外来に通われている人には、感覚が過敏な人がとても多いということを示していると言えるでしょう。

これは感覚過敏についてだけの結果ですが、心理的な過敏性ではもっとその傾向が強まり、84％の人に過敏な傾向が認められるという結果でした。

先ほども少し紹介しましたが、韓国のソウルおよびウルサンの二つの都市の住人二千人（最終回答者数一八三六人）を対象にした大規模な調査によると、音への敏感さを0〜10の11段階で評価して6以上だと答えた人は、44％に上っていたのですが、実は、この調査結果には、その先があるのです。

6以上と答えた、過敏な傾向があると感じている人と、5以下と答えた、あまり過敏でないと感じている人を比較すると、驚くべきことが判明したのです。

過敏な傾向があると感じている人はそうでない人に比べて、糖尿病の罹患《りかん》率が1・54倍、脂質異常症が1・62倍、向精神薬を服用したことがある人の割合が1・78倍、うつ病と診断されている人の割合が2・24倍にも上ったのです。

また、強いストレスを感じていると判定される割合は1・89倍、不眠に悩まされている人は2・05倍、不安に苦しんでいると答えた人は1・93倍でした。これらの結果はすべて、統計学的にも有意差が認められたのです。

さらに、音に過敏な傾向が強いスコア8以上の人では、平均レベルの人に比べて、うつ病のリスクが2・64倍、不安が2・41倍、ストレスが2・61倍であるという結果になりました。

音に過敏な傾向をもつ人では、交感神経が過剰に興奮した状態が続いてしまい、自律神経系の失調から、さらにはうつ病やパニック障害などの発症を招きやすいと考えられます。周囲から受ける刺激に過剰に反応し、ストレスホルモンが出っぱなしの状態になり、ストレスホルモンにさらされ続けることが禍《わざわい》を招いてしまうのです。というのも、ストレスホルモンとは、いわゆるステロイド（副腎皮質ホルモン）です。ステロイドを使い続けると怖《こわ》いという話は耳にしたことがあると思いますが、過敏な傾向の人では、ステロイドを投与され続けるのと似たことが、体の中で起きてしまうのです。

これは音に対する過敏性と健康状態との関連を調べたものですが、後で見ていくように、音に過敏な傾向は、過敏性全般の非常に有用なバロメーターなのです。

過敏な人は、ネガティブな人よりも生きづらい

考え方がポジティブかネガティブかということが、幸福や成功にも深くかかわることは、よく知られています。ポジティブであることは、さまざまなプラスの効果をもたらし、逆にネガティブな考え方にとらわれると心も体も病みやすくなることが、さまざまな研究から裏付けられています。

ポジティブであることも、とても大切なのは言うまでもありませんが、臨床現場で実際に苦

表1

	社会適応度	生きづらさ	幸福度
過敏性	−0.47	0.71	−0.50
ネガティブな認知	−0.33	0.48	−0.44

しんでいる患者さんを診ていますと、ポジティブかネガティブか以上に、その人の性質を決定づけている、もっと強力なファクターがあるように思えます。その一つが、この過敏性です。

実際、過敏性とネガティブな認知が、どの程度、社会適応度や生きづらさ、幸福度と関係しているかを、クリニックに通われている方三百人余りを対象に調べてみると、表1のような結果でした。

表1の数字は、相関係数と呼ばれるもので、両者の関連の強さを示しています。マイナスの場合は負の相関、プラスの場合は正の相関ということになりますが、もう一つ重要なのは、絶対値（数字から正負の符号をとった値）の大きさです。

相関の強さの目安としては、相関係数の絶対値が0・2以上で軽度の相関、0・4以上で中程度の相関、0・5以上でやや強い相関、0・7以上だと強い相関があると言えます。

たとえば、過敏性は、社会適応度に中程度の負の相関（過敏な人ほど、社会適応度が下がる傾向）があり、生きづらさとは強い正の相関（過敏な人ほど、生きづらさが強まる傾向）があることになります。

一方、ネガティブな認知は、社会適応度に軽度の負の相関があり、生きづらさに中程度の正の相関があると言えます。

幸福度については、相関の強さ（相関係数の絶対値）に大きな違いはみられなかったものの、社会適応度や生きづらさについては、過敏性の方がネガティブな認知よりもずっと強い相関を示したのです。過敏性は、ネガティブな認知に勝ってしまうほど、社会適応度や生きづらさと強く関係しているということです。

この結果を見る限り、ネガティブな認知と社会適応度との相関は、それほど強いものではなく、ネガティブな認知を抱えていても、社会ではそこそこうまくやれていると感じている人も少なくないと言えます。

一方、過敏性は生きづらさと、ことに強い相関を示しました。このことは、臨床的な実感ともよく一致します。ポジティブかネガティブかは生きづらさを左右しますが、その結びつきは過敏性ほどではないのです。

ネガティブがすべて悪いわけではない

ポジティブかネガティブかについて、ついでに少し付け加えておきましょう。

ネガティブな認知の人に、実際聞いてみればわかることですが、彼らの多くが、ある種の防衛手段として、ネガティブな認知を身に付けています。つまり、ネガティブに考えることには、それなりにメリットがあるから、そうしている面もあるのです。つまり、良いことよりも、最悪の事態を考えていた方が、落胆したり、傷ついたりすることが少なくて済むというメリットです。ネガティブな認知にも、実は大きな効用があるのです。

実際、ポジティブすぎる認知の人は、大失敗をすることがあります。ポジティブすぎる状態のときは大抵、気分が高揚気味で、気が大きくなっていて、やりすぎてしまいやすいのです。大成功をもたらすこともあるかもしれませんが、一代でつぶしてしまう危険もあるのです。ポジティブになったと喜んでいたら、閉鎖病棟に入院してしまったという事例もたくさんあります。知らないうちに、躁《そう》状態になってしまっていたのです。

その点、ネガティブな認知の人は、夢を追うより現実の厳しさを考えます。見込まれる利益よりも、リスクの方を気にします。大きな博打《ばくち》は打たないので、大失敗もありません。

もちろん、ほどよくポジティブでいることには、大きなメリットがあるのですが、ネガティブな考え方を全否定することもないのです。それには、それなりの効用があるのです。

実際、ポジティブとネガティブには、最適な比率があるとも言われています。その最適比率は、4：1です。ネガティブな部分もある程度必要なわけです。

それはさておき、過敏性はネガティブな認知よりも社会適応度や生きづらさと強く結びついているのです。

過敏性がネガティブな認知以上に、社会適応度や生きづらさを左右している可能性があるとしたら、過敏性についての理解はとても切実なものだと言えます。

本章では、まず感覚的なレベルの過敏さについて、代表的な理論にそって、どのように位置づけられ、理解されてきたかを見ていくことにしましょう。その意義や有用性とともに限界も見えてくるでしょう。

感覚プロファイルと四つの因子

感覚の過敏性を評価する方法として、もっとも知られているものの一つが、カタナ・ブラウンとウィニー・ダンが作成した「感覚プロファイル」です。感覚プロファイルは、ダンの感覚処理モデルに基づいています。

そのモデルは、神経学的な知見と感覚統合理論をベースに作られたもので、神経学的な閾値を縦軸に、行動反応・自己調節を横軸にして、それぞれが高いか低いかによって、四つのグループに分類されます。

閾値とは、反応が起きる最小限の刺激量のことです。興奮の閾値が低いということは、刺激に対して鋭敏で、些細《ささい》な刺激でも興奮しやすいということです。逆に閾値が高いということは、少々の刺激では反応せず、鈍感で、馴化《じゅんか》（刺激に対する馴《な》れ）が起きやすいということです。

一方、刺激に対して能動的な反応をする傾向が強いという場合には、自ら刺激を求めたり、避けたりして自己調節しようとするということですし、刺激に対して受動的な傾向が強いという場合には、刺激に対して自己調節をあまりせず、されるままになるということです。

この二つの軸によって、刺激に対して閾値が高く、弱い刺激では反応せず、かつ能動的な反応を示すものを「感覚探求」、刺激に対して閾値が高く、かつ受動的な反応を示すものを「低登録」、刺激に対する閾値が低く、鋭敏で、かつ能動的な反応を示すものを「感覚回避」、刺激に対する閾値が低く、かつ受動的な反応を示すものを「感覚過敏」と分類するわけです。

この四つの因子について、それぞれの傾向がどれくらいあるかを見たものが感覚プロファイルです。したがって、過敏性と呼んでいるものは、このモデルでは感覚過敏だけでなく感覚回避も含むことになります。

これから見ていくように、実際には、このモデルのようにクリアカットに四つに分けられるわけではなく、正反対の傾向が同居したりします。たとえば感覚過敏と低登録や、感覚回避と低登録が同居するということも多いのです。

しかし、過敏性という問題を考えていく上では大いに役立つ有用なモデルなので、まずこのモデルの四つの因子について、もう少し詳しく見ていきましょう。

なお、感覚プロファイル検査には、十歳以下の幼児・児童用と、十一歳以上の青年・成人用がありますが、基本的な構造は同じです。正確な判定には、実際に検査をお受けいただく必要がありますので、精神科、心療内科の医師や臨床心理士にご相談ください。傾向を知る上での目安となるチェック項目を掲載しておきますので、ご活用いただければと思います。五項目だけの簡易なものですが、実際の検査結果との相関が0・7〜0・8程度と、高い相関を示しますので、おおざっぱな傾向を把握するのには有用と思われます。

チェック1 当てはまるものを、チェックしてください。

□相手の言葉が聞き取れず、よく聞き返す。
□冗談やギャグが、すぐにわからないときがある。
□ものによくぶつかったり、つまずいたりする。
□顔や手が汚れていても気づかないことがある。
□標識や案内板を見落としやすい。

「低登録」とは

チェック1は「低登録」の傾向を調べるものです。低登録とは、感覚の閾値が高く、反応が起きにくい傾向を言います。通常だと、何らかの反応が起きる刺激でも、反応しにくいことになります。

このチェック1のリストで、当てはまる項目数が多いほど、低登録の傾向が強いと考えられます。おおざっぱな目安ですが、該当項目が0～1個の場合は「その傾向があまりない」、2～3個の場合は「その傾向がややある」、4～5個の場合は「その傾向がかなり強い」と判定されます。以下のチェックリストも同様です。

低登録の傾向が強いと、味や痛みの感覚、触覚などが鈍かったり、身だしなみの乱れや不潔さに無頓着だったり、冗談がわからなかったり、相手の不快そうな反応に気づかなかったり、名前を呼ばれたり人が近づいてきているのに気づかなかったり、最初の一言を聞き逃してしまったり、速いテンポの話についていけなかったり、探し物が目の前にあるのに気づかなかったり、案内板に気づかなかったりというようなことが起きやすいと言えます。

また、反応が遅く、スイッチの切り替えも悪くなりがちなため、機敏に作業ができなかったり、朝起きたりするのも苦手な傾向があります。気が利かないとか、てきぱきしていないといった傾向とも関係すると言えるでしょう。

過敏な傾向とは、正反対の特性とも思えるわけですが、実際には、両方の傾向が同居することも多いのです。筆者のクリニックの外来で行った調査では、先ほども紹介したように、54％

の人に感覚過敏な傾向がみられましたが、低登録の傾向については、非常に強い人が16％、強い人が24％と、合わせて四割の人に認められました。どちらも強いという人が33％にも上り、どちらも非常に強いと判定された人だけでも、12％もいらっしゃいました。

感覚過敏の傾向がある人のうち、六割強の人に、低登録の傾向も認められることになります。

感覚プロファイルの四つの因子と、幸福度や社会適応度との関係を調べると、いずれにおいても、もっとも強い関連がみられたのは意外にも低登録で、ついで感覚過敏でした。ただし、関連の強さを示す相関係数は０・３〜０・４の間で、比較的緩い相関でした。

チェック2 当てはまるものを、チェックしてください。

□香辛料やスパイスをかけるのが好き。
□体を動かしたり、ダンスをしたりするのを好む。
□地味な色合いより華やかな色彩に惹《ひ》かれる。
□話をしているとき、相手の体に触ってしまう。
□人前で注目を浴びるのが好き。

「感覚探求」とは

チェック2は「感覚探求」といって、新しい刺激を求める傾向を調べるものです。新奇性探求と呼ばれる遺伝特性と関連が強いと考えられます。

今回、筆者が行った調査で、もっとも当てはまる人が少なかったのが感覚探求です。非常に強いと判定されたのは3・4％、強いが14・9％でした。平均的と判定された62・3％に比べると、大幅に少ないと言えます。

感覚探求の傾向は、生きづらさや幸福度とほとんど相関を認めず、それらとは無関係なその人に備わった反応スタイルであり、行動様式だと考えられます。

いずれにしても、生きづらさの原因となっている過敏性という要素との関連では、もっとも直接的な関係が薄いと言えます。

ただ、重要な一つの傾向として、感覚探求が強い人には気分の波がある人が多いのです。また、刺激を求める傾向が強いため、この傾向をもっている人ともっていない人では、行動の基準や幸福と感じるライフスタイルに大きな違いがあります。その人に合った人生を考えるという点では、大切な要素なのです。このことについては、後の章でも取り上げたいと思います。

チェック3 当てはまるものを、チェックしてください。

□香水や芳香剤の強い匂いは苦手。

□車や遊園地の乗り物が好きでない。
□体に触られるのは嫌だ。
□突然大きな音がすると、ひどく驚いてしまう。
□周りが騒々しいと集中できない。

「感覚過敏」とは

チェック3は「感覚過敏」の傾向を調べるものです。このモデルにおける感覚過敏は、通常われわれが感覚過敏という言葉から理解する感覚の鋭敏さという意味以外に、感覚的な刺激に対して能動的な回避行動を行わず、それを受動的に甘受する傾向も併せてもっています。後で紹介しますが、感覚過敏や感覚回避と社会適応度や生きづらさとの関連を比べると、感覚過敏の方がより強い相関を示します。感覚が鋭敏なだけでなく、そこに受動的な傾向が加わることで、よけいに苦痛が生じやすくなったり、傷つきやすくなったりするのでしょう。

同じように感覚過敏な傾向を示しても、年齢によって伴いやすい行動が異なることは、注目に値するでしょう。

十歳以下の子どもでは、感覚過敏な傾向は、注意散漫や多動を呈しやすく、課題遂行が妨げられやすいという形で、周囲の大人たちには観察されます。他の子が平気なことを極度に嫌がるとか、怖がりな傾向だとか、楽しいはずの場面で嘔吐《おうと》するとか、熱を出すといった体調の変化となって表れるケースもよくみられます。もっと幼い子どもでは、気難しいとかよく泣くといった表れ方をします。

つまり、過敏さに伴う不快感というよりも、周囲には行動や体調の問題として受け取られやすいのです。過敏な子というよりも、落ち着きのない子だとか注意散漫な子だとか、体が弱い子だと思われるわけです。

十歳を超える頃から、過敏さの表れ方は変わってきます。過敏さは不快感や苦痛、イライラといった主観的な体験として訴えられるようになります。行動ではなく、感覚や感情の問題として、ようやく浮かび上がってくるのです。

チェック4 当てはまるものを、チェックしてください。

□なじんだ食べ物しか食べない。
□部屋のカーテンは、大抵閉めておく。
□他の人から離れた席に座ることが多い。
□騒々しい場所や人ごみは避けるようにしている。
□忙しいときも、一人の時間をもつようにしている。

「感覚回避」とは

チェック4は「感覚回避」を調べるもので、感覚回避とは、不快な感覚刺激を避けようとして行動する傾向のことです。

その人にとって苦手な感覚刺激に出会った場合、その場を離れたり、立ち去ろうとします。また、自分が安心して受け入れることのできる馴れた刺激以外を、あらかじめシャットアウトします。人によって苦手な感覚や刺激は異なりますが、共通して言えることは、避けるべきものがはっきりしていて、チャレンジしようとしないことです。そのため、生活に制約が生まれやすいと言えます。決まったルールや行動パターンを好む傾向とも関係しています。逆に、自分の生活を構造化し、きちんと管理することに長《た》けている場合もあります。

概して強い刺激は好まず、刺激量を減らそうと生活環境に気を配る傾向がみられます。また、人との接触や深いかかわりもあまり好まず、距離をとる傾向とも関係しています。不安が高まるような想定外の事態や予定外の出来事は好まず、そうした状況も避けようとします。

外来での調査では、感覚回避の傾向も、比較的高頻度に認められました。非常に強いが16・6％、強いが24・3％、合計四割の人に、その傾向がみられました。

感覚回避と感覚過敏は同居しやすく、35・7％の人に両方の傾向が認められました。感覚過敏を認めた人の三分の二に近い人に、感覚回避の傾向も認められたのです。

感覚回避の傾向は、社会適応度との関連でみると、低登録や感覚過敏に比べて弱い相関しか示さず、相関係数は0・2レベルにとどまりました。幸福度との相関は、感覚過敏と同程度の0・3レベルでした。

感覚回避には、積極的に不快な刺激を避けようとする行動傾向が含まれるため、過敏な上に、ただ不快な刺激を甘受するだけの「感覚過敏」よりも、社会適応度とのマイナスの結びつきが弱まるのかもしれません。

感覚プロファイルから何がわかるか

「低登録」「感覚探求」「感覚過敏」「感覚回避」という四つの因子のそれぞれが、高いか、平均的か、低いかというばらつき方が、感覚プロファイルです。感覚プロファイルがわかると、その人の感覚処理における傾向や直面しやすい困難を予測することができ、さらには、それについてどう対処すればよいのかということを、神経学的な見地や感覚統合理論から助言することができます。

たとえば、感覚過敏な人では神経の反応閾値が低く、過剰に反応が起きやすいので、神経を消耗から守るためには刺激の量を減らすといった対策が必要です。

逆に、低登録の人では、反応閾値が高く、弱い刺激では反応が起きにくいので、もっと強めの明確な刺激を与えた方が本人にとってわかりやすく反応しやすいのです。

また、感覚探求が強い人では反応閾値が高いだけでなく、積極的に感覚的な刺激を求めようとするので、ただ受け身的に話を聞かせるだけでは退屈してしまいます。本人が主体的に体や手を動かすような取り組みをした方が、有意義な体験となりやすいのです。

一方、感覚回避が強い人では感覚が鋭敏なだけでなく、積極的に自分から不快な刺激を避けようとするので、強制したり無理強いするようなことは敬遠されます。選択は本人の自主性にゆだね、いつでも離脱できる自由を保障した方が気楽に試してもらえます。不快だと感じたら回避できる自由が、感覚回避が強い人には優先事項なのです。

ここに挙げた例以外にも、いくつもの有効な対処戦略があり、それらについては後の章でまとめて述べたいと思います。感覚プロファイルは、感覚の過敏さに苦しんでいる人だけでなく、逆に鈍感さを抱えていたり、それらに対する反応パターンが異なるケースにも、生活上の困難をある程度予測し、それを軽減する方策を示せるという点で、とても有用なものだと言えます。

感覚プロファイルの限界

ただ、そこには限界もあります。その限界は、端的に言って、人間にとって感覚的な快不快も重要な決定因子ですが、もっと強く人間を苦しめたり、突き動かしたりするものがあるとい

表2

	社会適応度	生きづらさ	幸福度
低登録	−0.37	0.37	−0.38
感覚探求	0.15	0.08	−0.02
感覚過敏	−0.33	0.43	−0.32
感覚回避	−0.21	0.33	−0.31

うことです。

われわれの人生がうまくいっているかどうかのバロメーターと言える三つの指標、どれだけ社会でうまくやれているか、どれだけ生きづらさを感じているか、どれだけ幸福だと感じているか、つまり社会適応度、生きづらさ、幸福度という観点で見ても、これら四つの因子は、表2に示したように、比較的緩やかな関連しか示さないのです。

中でも感覚探求は、先にも触れた通り、生きづらさや幸福度と、ほとんど関連がみられませんでした。また社会適応度に関しては、感覚探求だけが唯一プラスの相関を示しました。感覚探求が強い人の方が、うまく適応できていると感じているということです。

低登録や感覚過敏、感覚回避は、社会適応度や生きづらさ、幸福度と、比較的軽度の相関を示しました。もっとも強い相関は、感覚過敏と生きづらさの間に認められ、相関係数は0・43でした。それでも、0・5に届かなかったのです。ある程度、関連するものの、決定的に左右するほど強い結びつきではなかったのです。

これではいくら、感覚過敏や感覚回避に対処するための知恵を絞ったところで、もっと強い影響力をもった要因が逆方向に作用すれば、そうした対処など一気に無効化され、水泡に帰してしまいかねません。

もっと重要な「心理社会的過敏性」とは

では、もっと決定的に人生を左右する要因とは何でしょうか。感覚過敏以外に、人間の生存をもっと脅かしかねない過敏性が存在するのでしょうか。それとも、過敏性は、それほど重要な要因ではないのでしょうか。

過敏性にも、大きく二つの種類があると考えられます。一つは感覚過敏など、神経学的なレベルでの過敏性です。もう一つは、人に対しておどおどしたり、顔色を過度に窺《うかが》ったり、傷つきやすかったり、猜疑心《さいぎしん》が強まったりする心理社会的な過敏性です。「心理社会的」とは、心理的な面と対人関係など社会的な面の両方をさす用語です。

前者は、一般的には、生まれもった遺伝的、発達的な特性と関係が深いと考えられています。感覚プロファイル検査は、前者を評価する方法だと言えます。

では、心理社会的な過敏性については、どうでしょうか。次の章で詳しく述べていきますが、心理社会的な過敏性と、社会適応度や生きづらさ、幸福度との相関を、神経学的過敏性との相

表3

	社会適応度	生きづらさ	幸福度
神経学的過敏性	−0.47	0.55	−0.37
心理社会的過敏性	−0.44	0.77	−0.53

関と比べたのが表3です。

社会適応度ではあまり差がみられませんが、生きづらさや幸福度においては、心理社会的過敏性との結びつきの方が大変強いことがわかります。

このように、生きづらさや幸福度といった観点で過敏性を考えたとき、神経学的な過敏性以上に心理社会的な過敏性が重要だと言えます。

心を傷つけられた多くの人が命さえ絶っている現状を見ると、心理社会的な傷つきやすさという意味での過敏性は、生きづらさや幸福度と、もっと密接な結びつきをもつことは誰の目にも明らかでしょう。

こうした結果は、少なくとも生きづらさや幸福といったことを念頭に置いて、過敏性を理解しようとするとき、感覚的な過敏に代表されるような神経学的過敏性だけを論じることでは不十分で、心理社会的過敏性を視野に入れた新たなモデルを構築する必要があることを示していると言えるでしょう。

こうして生まれたのが、次の第二章で紹介する「過敏性プロファイル」になります。

第二章　あなたの過敏性を分析する

どのくらい過敏かをチェックする

この章では、筆者が開発した過敏性プロファイルについて説明していきたいと思いますが、ついでに、ご自分の傾向を把握しながら読み進めた方が興味も理解も深まりやすく、一挙両得と言えるでしょう。

まず、ご自分で、当てはまる項目にチェックを入れてみてください。

過敏性チェックリスト

〈セクション1〉

□大きな音が苦手で、突然の物音に過剰に驚いてしまう。

□人ごみやがやがやして騒々しい場所が苦手で、極度に疲れてしまう。

□匂いや味、感触などに敏感で、苦手な匂いや食べられないものが多い。
□目を合わせてしゃべることや、過度に接近されるのは苦手である。
□人の話し声やBGMの音があると、集中が妨げられてしまう。

〈セクション2〉
□寝る場所や枕が変わると、なかなか寝付けない。
□時計の秒針の音や通りの音が気になって眠れないことがある。
□新しい環境や人に馴れるのに、だいぶ時間がかかる方だ。
□いつ来るかわからない電話やメールを待つのは、とてもストレスである。
□予定外のことや期待と違うことが起きると、怒りを覚えたりパニックになりやすい。

〈セクション3〉
□自分が一人でいることが不安で、いつも誰かに頼りたくなる。
□人にどう思われているか顔色に敏感で、悪く思われていると感じると、気もそぞろになる。
□自分が相手に不快な思いをさせていないか、いつも気にしてしまう。

□些細な相手の素振りにも、自分が嫌われていないか不安になる。
□間違いを指摘されたり、欠点を非難されると、落ち込んだり、逆にキレたりしやすい。

〈セクション4〉
□人から言われた言葉に傷つきやすい。
□嫌なことがあると、長く引きずる方だ。
□昔の嫌な場面の記憶がよくよみがえってくる。
□苦手な話題に触れられると、動揺したり取り乱したりする。
□一度嫌なことがあると、その相手や場所を避けてしまう。

〈セクション5〉
□緊張すると声や手が震え、人前で話すのが苦手である。
□不安になると、動悸《どうき》や息苦しさを感じやすい。
□体がいつも緊張していて、肩こりや頭痛が多い。
□本番が近づくと、おなかが痛くなったり、具合が悪くなったりしやすい。
□ストレスで胃が痛くなったり、熱が出たりしやすい。

〈セクション6〉

□ひそひそ話が聞こえてくると、自分の悪口を言われているように思ってしまう。

□自分のことが何もかも知られているように感じることがある。

□人の視線が気になって、外出しづらい。

□人が信じられず、相手の言葉の裏を考えてしまう。

□周囲が自分のことを貶《おとし》めようとしていると感じることがある。

〈セクション7〉

□馴れたものしか食べない。

□体を触られるのは好まない。

□他人が近づきすぎると離れたくなる。

□べたべたするのは苦手である。

□人前に出るのは、できれば避けたい。

〈セクション8〉

□相手の言葉が聞き取れず、よく聞き返す。

□冗談やギャグが、すぐにわからないときがある。
□ものによくぶつかったり、つまずいたりする。
□顔や手が汚れていても気づかないことがある。
□標識や案内板を見落としやすい。

八つのセクションに分けて、チェック項目を並べていますが、どのセクションにチェックが多く入ったでしょうか。同じように過敏だと感じている人でも、チェックが入る項目が多いセクションと少ないセクションにばらつきが出るのが普通です。過敏さにも、さまざまな要素があるためです。

過敏性プロファイルでは、過敏な傾向を、その原因ともからめて理解しやすいように、神経学的過敏性、心理社会的過敏性、病理的過敏性の三つのレベルに分け、さらに、神経学的過敏性は「感覚過敏」と「馴化抵抗」、心理社会的過敏性は「愛着不安」と「心の傷」、病理的過敏性は「身体化」と「妄想傾向」より、それぞれ構成されます。

それ以外にも、過敏性自体の問題ではありませんが、過敏性に伴いやすい傾向として、「回避傾向」と「低登録」も含めています。セクション8の「低登録」のチェック項目は、前章のチェック1と同じものです。

表4

神経学的過敏性		心理社会的過敏性		病理的過敏性	
感覚過敏	馴化抵抗	愛着不安	心の傷	身体化	妄想傾向
①	②	③	④	⑤	⑥
神経学的過敏性	①+②	心理社会的過敏性	③+④	病理的過敏性	⑤+⑥
回避傾向	低登録	**過敏性スコア**	①～⑥の合計	**生活障害指数**	①～⑧の合計
⑦	⑧				

図1　過敏性の6つの要素

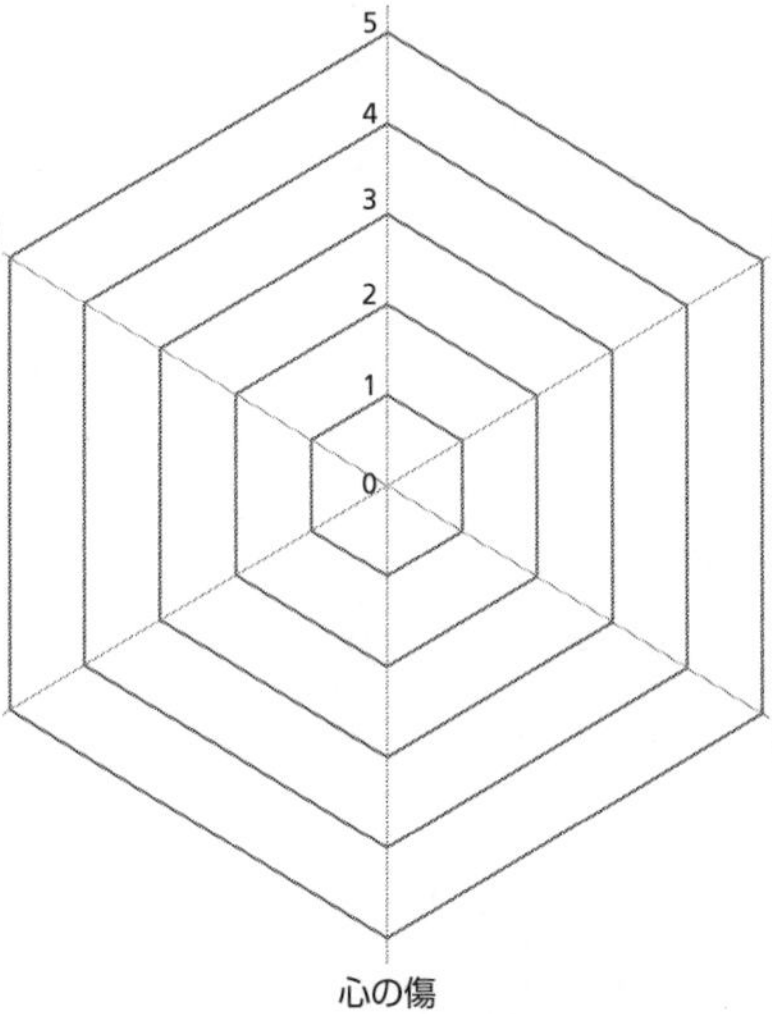

該当する項目の数が、各セクションのスコアです。各スコアを集計して、表4と図1のレーダーチャートに記入すると、傾向がわかりやすいでしょう。

セクションごとに、該当項目が0〜1個の場合は「その傾向があまりない」、2〜3個の場合は「その傾向がややある」、4〜5個の場合は「その傾向がかなり強い」と判定されます。

過敏性プロファイルの構成

セクション1　感覚過敏

最初のセクション1のチェック項目は、「感覚過敏」に関するものです。感覚過敏があると、音や匂い、味といったことに極端な反応をしやすくなります。

感覚過敏は、遺伝的、発達的要因がかなり強く影響するとされます。感覚過敏を示す状態には、さまざまなものがあります。韓国の都市住民の四割以上が、音に対して過敏だと感じているという調査結果からもわかるように、健常レベルの状態でも、過敏な傾向をもっている人が少なくないと言えます。

クシャミやクラクションといった突然鳴る音に、過剰に驚いてしまうということもしばしばです。大きな音が苦手だったり、匂いや光で気分が悪くなったり、馴れていない味や香りを受け付けなかったりということもよくみられます。

不登校の子どもや適応障害を起こした方にも、しばしば感覚過敏が認められ、それが適応の大きな妨げとなっていることもあります。教室のがやがやした音や反響音が気になって、教室にいられないというケースにもよく出会います。

感覚過敏が強い場合には、社会適応に困難を生じやすいと言えます。そうした場合に、しばしば潜んでいるのが、近年一般にもよく知られるようになった自閉スペクトラム症（以前は、自閉症スペクトラムと呼ばれていました）です。自閉スペクトラム症の基本的な障害の一つは、感覚過敏（神経過敏）です。

感覚過敏のため、他の人には気にならない音や匂い、光、色といった刺激が不快に感じられ、生活が困難になってしまったり、逆に鈍感さ、つまり低登録が認められることも多いと言えます。

ただ、後でも触れますが、音に対する過敏性に関与する遺伝的要因の割合は意外に低く、四割にも満たないという結果が報告されています。これまで考えられていたほど、先天的な要因で決まるわけではないのです。妊娠中の環境や養育環境も重要と思われます。その意味で愛着障害にも伴いやすいですし、虐待された子どもにも、感覚過敏な傾向が顕著にみられることが多いのです。

精神疾患でも、しばしば感覚過敏が強まります。特に統合失調症では、聴覚過敏が高頻度にみられます。早期発見のためには、不眠や注意力の低下などとともに重要な兆候だと言えます。

セクション2 馴化抵抗

セクション2は「馴化抵抗（馴れにくさ）」に関するものです。過敏さのない人では、新しい刺激をむしろ心地よく感じる人もいますし、少し苦痛な刺激であっても二、三度経験するだけで、あまり気にならなくなる人もいます。

最初は少しショックで不快に思っても、二回目、三回目と同じことを経験するうちに、最初ほど反応しなくなるのです。

ところが過敏な人では、刺激への馴化（刺激への馴れ）が生じにくいのです。神経学的な検査でも、こうした特性は裏付けることができます。同じ音刺激を連続して与えて、それに対する反応を調べてみると、一回目で強く反応した人でも二回目の刺激では反応が弱まるのが普通です。あらかじめ弱い刺激を与えておくと、驚愕反応が弱まるのです。この現象はプレパルス抑制と呼ばれます。

一方、過敏なタイプの人では、このプレパルス抑制が起きにくく、二回目も一回目と同じように強く反応してしまうのです。

刺激への馴れが弱い人は、変化に柔軟に適応しにくいとも言えます。実際、急に予定が変わったときや突発的な出来事に対して、混乱してしまいやすい傾向もみられます。

馴化抵抗も神経学的なレベルの過敏性の指標なのですが、心理社会的な過敏性との結びつきも意外に強く、その相関は、感覚過敏が0・64だったのに対して、馴化抵抗は0・65と、高い係数を示しました。

新しい刺激や環境に馴れにくい傾向は、心理社会的な過敏性にも大きく関与していると言えます。

セクション3　愛着不安

セクション3は「愛着不安」に関するものです。愛着不安とは、愛着している存在に見捨てられるとか、拒否されるといった不安を抱きやすい傾向で、愛着不安の由来は、幼い頃母親から離れることに対して抱いた分離不安にまで遡《さかのぼ》ると考えられています。

筆者は、不安という感情の根源は、愛着不安ではないかと考えています。不安をあまり感じない人は、母親との関係が極めて安定していたか、愛情や世話の乏しい環境に適応してしまったかのどちらかです。愛着のタイプで言うと、前者が安定型、後者が回避型ということになります。

逆に、愛されるときもあるけれど、場合によっては、見放されるような態度をとられたり、世話をしてもらえないといった差の大きい環境で育つと、愛着不安が強まりやすいと言えます。

よくある状況としては、途中までとても大切にされたのに、下にきょうだいができて急に放っておかれるようになったり、母親と父親との関係が不安定になって、母親が子どもに愛情をかけるゆとりがなくなったりした場合や、母親が病気になってしまったという場合にも、似たことが起きやすいと言えます。

また、母親が気まぐれな性格で、可愛《かわい》がるかと思えば、見捨てると脅したりするという場合にも、生じやすい傾向です。

愛着不安が強い人では、愛着している存在はもちろん、それ以外の他者からも嫌われたり拒否されていないか、過度に敏感になり過剰反応しやすいのです。

八つの因子のうち、生きづらさや幸福度ともっとも強い相関が認められたのは愛着不安で、相関係数はそれぞれ0・73、－0・52という値でした。これは、ネガティブな認知との相関でみられる0・48、－0・44と比べても、かなり強いと言えます。愛着不安の改善や生きづらさの改善において、一つのカギを握ると思われます。

セクション4　心の傷

セクション4は「心の傷」に関するものです。未解決な心の傷を抱えている人は傷つきやすく、新たにダメージを受けやすいだけでなく、ダメージを受けたときに、回復に時間がかかる傾向がみられます。長く引きずりやすいのです。

また、過去の不快な体験がフラッシュバック（まざまざとよみがえる現象）したり、いつまでも否定的な体験にとらわれることが多いと言えます。

心の傷は、生命にかかわるような性質のものから、その人のプライドや尊厳を踏みにじるようなメンタルな要素の強いものまでさまざまですが、虐待やＤＶ（ドメスティック・バイオレンス）のように両方の要素が混じっている場合もあります。

心の傷は、愛着不安と０・７６という高い相関を示し、両者には同居しやすい傾向があると言えます。臨床的にも、愛着不安が強い人では心の傷を引きずりやすく、怒りや恨みといったネガティブな感情にとらわれる傾向がみられます。

心の傷は、事故や天災という非日常的な災害によるものと、愛着関係や対人関係において深く傷つけられたことによるものに大きく分けられます。

後者では、愛着の問題と結びつきやすいのは言うまでもありませんが、事故や災害による心的外傷でも、愛着関係が安定している場合には、回復が早いことが知られています。その意味でも、愛着と結びつきやすい問題だと言えるでしょう。

心の傷は、生きづらさと強い相関を示し、相関係数は愛着不安とほぼ同等の０・７２に上りました。生きづらさを緩和する上で、心の傷への手当ても重要だと言えます。

セクション5　身体化

セクション5は、「身体化」についてのものです。不安やストレスを感じていても、それが自律神経の乱れとなって体の症状として出やすい人と、あまり出ない人がいます。交感神経が緊張しやすく、それが体の症状として出やすいと、不安そのものだけでなく、体の反応が起きることに二次的な不安が生じ、いっそう生活に支障をきたしやすいと言えます。

過敏な人では、ストレスや不安の身体化が起きやすいのですが、その程度は人によって異なります。自律神経の反応、さらに自律神経の反応に反応してしまうという悪循環に陥りやすいかどうかは、過敏さの特性を知る上で大切な要素です。

身体化は、神経学的な過敏性（相関係数ｒ＝０・５５）と心理社会的な過敏性（相関係数ｒ＝０・５９）のどちらとも、ほぼ同程度か、心理社会的過敏性と、やや強い相関を示します。過敏な体質とともに、心理的な状況も重要だと言えます。

セクション6　妄想傾向

セクション6は、「妄想傾向」に関する項目です。妄想とは、現実ではないことを真実だと思い込むことですが、妄想にもさまざまなタイプがあります。過敏性ともっとも関係が深いのは、現実の出来事を被害的に解釈してしまう、いわゆる被害妄想です。被害妄想を抱いた状態のとき、自分の中の不安や恐れが周囲の存在に投影され、周りの人が悪意をもって自分を貶めようとしていると解してしまいます。

統合失調症や妄想性障害でみられる妄想は、体系化していたり、非現実的で奇妙なところがあったり、しかも誰にも訂正できない強い確信を伴っているのが特徴です。たとえば、自分はCIAに追われていて、付け狙われているが、それは自分が超能力をもっているためだといったことを信じているという場合です。自分の顔が左右対称でなく醜くて、みんなから笑われるので整形手術を受けて、完璧な左右対称にしたいと思っている場合は、身体醜形障害に伴う妄想です。こうしたケースで、それは思い込みにすぎないと、周りの人がいくら説得しようとしても、本人は自分のことを信じてくれないと思うだけです。

ここで妄想傾向として取り上げているのは、こうした真性の妄想ではなく、なんとなく自分の悪口を言われているような気がするといった、もっとあいまいなレベルのものです。

ただ、だから安心というわけではありません。妄想傾向は、通常はほとんど認められないものので、過敏性がかなり高い状態に伴いやすく、精神病状態やその兆候を示すサインであることも多いからです。

思い過ごしかもしれないと自分の考えを疑える場合はまだよいのですが、間違いなくそうに違いないと思うようですと、さらに注意が必要です。

いずれにしても、このセクションの複数の項目が該当する場合には、専門の医師に相談することをお勧めします。

セクション7 回避傾向

このセクションは、「回避的な傾向」の有無をチェックするためのものです。回避的な傾向をもつ人では、①人との距離の近い関係を避けようとし、身体的な接触をしたり親密な関係になるのを好まない、②自分の内面や気持ちを語りたがらない、③新奇な体験へのチャレンジを避けようとする、などの特徴があります。

回避傾向はセクション1の感覚過敏と、0・68という強い相関を示しました。感覚が過敏な人は、回避的になりやすいことがわかります。それ以外の項目、たとえば馴化抵抗や妄想傾向とも比較的強い相関を示し、過敏性全般と結びつきやすいことが示されました。

回避傾向は、社会適応度と－0・40、生きづらさと0・47、幸福度と－0・33という相関を示しました。回避傾向が強い人では、生きづらさや社会でうまくやれていないという感じを抱きやすいと言えます。

セクション8　低登録

このセクションは「低登録」に関する項目です。低登録は弱い刺激では反応しにくい傾向で、五感だけでなく、聞き取りや社会的認知の鈍さも含んでいます。過敏さに直接関係するわけではありませんが、低登録の傾向は敏感さや傷つきやすさと同居していることも多く、また社会適応度、生きづらさなどとの関係も深いため、チェック項目に採用しました。

低登録は不注意の傾向に関係しやすいのですが、それは注意という機能が神経の反応閾値と密接に関係しているためです。注意の中でも選択的注意や注意の切り替えなど、ノイズ刺激の中から肝心な刺激にだけ注意を向けたり、一つの視点にとらわれすぎずに別の視点に切り替えたりする機能は、鋭敏さと鈍感さを巧みに使い分ける必要があり、低登録が高くても過敏性が強くても妨げられやすいのです。

てきぱき仕事ができないというのも、低登録にみられやすい傾向です。スイッチが入りにくかったり、切り替わりにくかったりするためです。朝になかなか起きられないといったことも、神経のスイッチが切り替わりにくい傾向と関係しています。

低登録は、神経学的過敏性と０・４１、心理社会的過敏性と０・４７という中等度の相関を示します。また、低登録の傾向は、社会適応度（相関係数ｒ＝０・３７）や幸福度（相関係数

表5

合計スコア	判定
0～5	過敏さを認めない
6～11	境界レベル
12～19	過敏な傾向が軽度認められる
20～24	過敏な傾向が中等度認められる
25～	過敏な傾向が顕著である

r＝0・38）と軽度な相関がみられます。

この項目は、過敏性の評価という点では含めなくてもいいわけですが、自己理解を深める点でも生活の支障という点でも重要なので、加えています。

あなたの過敏性プロファイルは？

「回避傾向」「低登録」を除いた六つの得点を合計したものが、過敏さのトータルな指標である「過敏性スコア」です。トータルスコアが5以下の人では、過敏さが認められないと判定されます。それ以外の判定の目安は、表5に掲げる通りです。

ちなみに、外来患者さんの過敏性スコアの平均は、16・6でした。

出来上がった過敏性プロファイルは、あなたの過敏な傾向の程度や性質を知る上で、一つの指標となるものです。ここで求めた「過敏性スコア」と生きづらさとの相関は、0・71という高いものでした。もちろん個人差はありますが、一つの目安

表6

	社会適応度	生きづらさ	幸福度
過敏性スコア	−0.52	0.69	−0.54
感覚過敏	−0.33	0.43	−0.32
低登録	−0.37	0.37	−0.38

にはなろうかと思います。

表6をご覧になれば、おわかりいただけるように、過敏性スコアは感覚プロファイルと比べても、社会適応度や生きづらさ、幸福度と圧倒的に高い相関を示しました。その人が人生でどれくらい困難を抱えやすいかを考える上で、過敏性スコアは非常に有用な指標だと言えるでしょう。

総合的なスコアだけでなく、各セクションのスコアにも注意する必要があります。他のスコアが低くて一つのセクションだけ高い場合にも、社会生活や日常生活に大きな支障をきたすことがあるからです。

また、その人の過敏さが何に由来しているかを知り、今後の対策を考える上でも、セクションごとのスコアを見て、どの部分に、特に過敏な傾向がみられるのかを把握することは大切です。

過敏性スコアに、「回避傾向」「低登録」を加えた得点が、生活障害指数です。生活障害指数が17以上になると、生活上の支障が目立ち始め、25以上では中等度の支障を伴い、30以上では生活に大きな支障を伴うと考えられます。外来患者さんの平均は19・1でした。

神経学的過敏性と心理社会的過敏性

神経学的な過敏性と関係が深いと考えられるのが、「感覚過敏」「馴化抵抗」です。この二項目を合計したスコアが、神経学的過敏性スコアです。

一方、心理社会的な過敏性と関係が深いのが、「愛着不安」「心の傷」で、これら二つの合計が心理社会的過敏性スコアです。

神経学的過敏性は、一般に遺伝要因や生まれもった生得的要因が強いと考えられているものです。

一方、心理社会的過敏性は、養育要因や社会的体験、愛着対象との関係などが強く影響していると考えられているものです。

神経学的過敏性と心理社会的過敏性が、社会適応度や生きづらさ、幸福度とどれくらい相関するかを見ると、社会適応度においては同程度ですが、生きづらさや幸福度においては心理社会的過敏性の方が強い相関を示します。

ことに、生きづらさにおいて、心理社会的過敏性との相関係数は0・76という高い値を示しました（表7）。どちらも重要ですが、心理社会的過敏性は、精神的な平安という点では、いっそう重要になると言えます。

おおざっぱな目安ですが、どちらのスコアが高いかを見ることで、生得的要因と、養育要因

表7

	社会適応度	生きづらさ	幸福度
神経学的過敏性	−0.44	0.57	−0.41
心理社会的過敏性	−0.43	0.76	−0.52
病理的過敏性	−0.32	0.58	−0.43

など後天的な要因との関与のどちらが大きいかを推測することができます。

典型的な二つのケースで比べてみることにしましょう。

愛着障害が関係するケース

Mさんは二十代前半の女性ですが、非常に情緒不安定で、自分には生きる価値がない、早く死にたいというような自己否定的な思いをぬぐえません。Mさんの母親は、Mさんに対してどうしても愛情が感じられず、煩わしく思ってしまうのだと、正直に打ち明けられました。Mさんを預けて働いていたため、Mさんの世話は祖父母に任せっきりで、Mさんが自分より祖父母に甘える様子を見て、よけい可愛くなくなってしまったというのです。

母親との愛着がうまく形成されなかったことによる愛着障害が起きていたのです。母子の絆《きずな》が不安定なことで、Mさんも母親も苦しんでいました。

Mさんの感覚プロファイルは、低登録と感覚過敏が著しく高く、感覚探求と感覚回避は平均的というものでした。過敏性プロファイルでは、神経学的過敏性が3、心理社会的過敏性が7、トータルの過敏性スコアが15と、心理社会的な過敏性が強い傾向を示しました。

このケースからも言えることですが、愛着障害のケースでも、感覚プロファイルに著しい偏りがみられるのが普通で、感覚プロファイルだけでは、発達障害かどうかの判断は困難です。過敏性プロファイルで、神経学的過敏性よりも心理社会的過敏性が高いケースでは、愛着障害やトラウマの関与が示唆されます。

Mさんのように養育要因の関与が大きく、母親が安全基地として機能してくれないという家庭環境の問題を今も抱えているというケースでは、心理社会的過敏性の方が高い値を示しやすいと言えます。もちろん、遺伝的、器質的（外傷や低酸素などによる組織の不可逆的変化を伴うこと）な要因も抱えているケースでは、両方が高くなることも少なくありません。

発達障害が疑われるケース

二十代前半の男性Tさんが医療機関を受診することになったのは、就職活動がどうしてもうまくいかず、一つ残らず面接で落とされてしまったことからでした。面接者の質問に考え込んだまま、面接が終わってしまうということもありました。きちんと答えようとすればするほど、言葉が見つからず、答える気がないとみなされて、面接を打ち切られてしまうのです。
検査の結果、Tさんは自閉スペクトラム症と診断され、障害を理解してもらった上で就職し、今も仕事を続けています。Tさんの着実な仕事ぶりが評価され、次第に幅広い仕事を任されるようになっています。

Tさんの感覚プロファイルは、低登録は平均的、感覚探求が非常に低く、感覚過敏と感覚回避は高いというものでした。また、過敏性プロファイルは、神経学的過敏性スコアが6、心理社会的過敏性スコアが0と、極端な傾向を示しました。Tさんの場合は、人からどう思われているかには無関心で気にしませんが、感覚が過敏で、音、味、肌触りといったことにもこだわりがあります。

また、環境が変わることには強い抵抗があり、同じことを繰り返すのを好みます。

このように、神経学的過敏性と心理社会的過敏性の二つのスコアを比べることで、その要因が神経レベルの特性による部分が大きいのか、愛着や心理的安心感にかかわる部分が大きいのかを、およそ把握する上での目安とすることができます。

前者の場合には、発達障害が疑われますし、後者の場合には、愛着障害や心的外傷が絡んでいることが疑われます。

ただ、両方のファクターが混じり合い、絡み合っている例が多く、同じくらいの数値を示すことも少なくないと言えます。

発達障害があっても、いじめや虐待により、二次的に愛着障害や心の傷が加わっている場合にも、両方が高くなります。

神経学的過敏性と心理社会的過敏性に分けていますが、実際には分かち難く絡み合っているのです。

ただ神経学的過敏性と心理社会的過敏性では、その性質も対処法も異なるため、両者を分けて整理することには意義があると思います。

病理的過敏性とは

身体化と妄想傾向は、一方は身体的な症状を、他方は精神的な症状を引き起こしやすい傾向をさします。その意味で「病理的」という言葉を用いて、病理的過敏性として扱うことにします。

病理的過敏性は、神経学的過敏性とも心理社会的過敏性とも、同じくらいの関連を示します。たとえば、妄想傾向は、神経学的過敏性との相関が０・６９、心理社会的過敏性との相関が０・６７でした。一方、身体化は、神経学的過敏性との相関が０・５５、心理社会的過敏性との相関が0・59という結果でした。

両方の要因が、半々程度かかわっていると推測されます。

病理的過敏性は、その傾向が深刻な症状と結びつくことがあるにもかかわらず、社会適応度との結びつきは、思ったよりも軽度でした。一方、生きづらさや幸福度において、神経学的過敏性と同程度の関連がみられました（表7）。

多くのケースで、すでに治療を受けて、症状による支障が緩和しているということも関係しているかもしれません。ケースによっては、症状により社会適応が著しく妨げられたり、生きづらさが深刻なレベルになることもあります。

このスコアが高い方は、精神科や心療内科の専門医、臨床心理士などに相談されることをお勧めします。

第三章 過敏性のメカニズムと特性を知る

正しい理解が克服の第一歩

前章では、過敏性を評価する仕組みについて紹介するとともに、それを実際に使って、あなた自身の過敏性について傾向を把握していただきました。

本章では、過敏性がどのようなメカニズムで生まれ、どういう特性があり、その傾向を抱えた人はどういう感じ方や考え方をしやすく、どういう思考や行動のワナに陥りやすいかについて、さらに詳しく掘り下げたいと思います。

ご自身が過敏な傾向を抱えている場合には、日々そうした傾向のために、程度の差はあれ、困っているに違いありません。

そうした傾向を、ご自分の特性として理解することで、ある程度、客観視できるようになり、対処が少し容易になります。特性を自覚し、理解することは、克服の第一歩なのです。

一方、身近な人が過敏な傾向を抱えているという場合には、その人の感じ方、考え方を理解することで、これまで不可解だった行動や反応がそういうことだったのかと、少し受け止めやすくなるかもしれません。支えようとして、逆効果になることをやっていたということも多いのです。どういう対応が、その人にとって有用なサポートになるのかについて、理解が深まるに違いありません。

過敏性のもっとも良い指標は、音に対する敏感さ

過敏さの問題は多様な要素を含み、一口に過敏と言っても一人一人抱えている特性や困難は異なるわけですが、多くのケースで高い確率でみられやすい問題に、音への過敏性があります。

音への過敏性は、単に聴覚的な過敏性だけでなく、全般的な過敏性の良い指標なのです。神経学的過敏性はもちろんですが、心理社会的過敏性との相関も0・62と高く、人の話し声に敏感な傾向とも結びついていると思われます。

音に対して過敏な人は、そうでない人よりも、音に対して過剰なまでに注意を払い、音を苦痛な邪魔ものとして感知する傾向があります。しかも、音に敏感な人は、騒音や雑音に馴れるということが難しく、逆にどんどん過敏になっていきます。音を意識し始めると、騒音とは言えないレベルのかすかな音までも苦痛の種と感じてしまうのです。

ある女性の方が、こんな体験を語ってくれました。その方も長年、過敏な聴覚に苦しんでいるのですが、あるとき、旅行をしてホテルに滞在したのです。

ところが、どこからともなく聞こえてくる音が耳について眠れません。たまりかねて、ホテルの従業員に連絡したのですが、駆けつけてきた従業員は、部屋の中に立ち尽くしたまま、首をかしげ、こう言ったというのです。「お客様、私には何の音も聞こえませんが」と。

確かに、その音は、とても低い音域のものでした。長い時間耳を澄まして、従業員の方は、やっと、「何か振動のようなものが感じられます」と言ってくれたそうです。

この女性は音楽方面で活躍されていて、その意味で聴覚過敏な傾向を生かしているとも言えますが、一般の人には聞こえないような音まで聞こえてしまうのですから、苦労も絶えないのです。

先にも触れたように、音に過敏な傾向をもつ人では、精神疾患だけでなく身体疾患の罹患リスクも上昇してしまいます。そのことは、音に過敏な人は交感神経が興奮しやすく、ストレスホルモン（副腎皮質ホルモン）であるコーチゾルの分泌が亢進《こうしん》していることとも関係し、ストレス全般に過敏な傾向を表していると言えるでしょう。

外来クリニックでの音に敏感な人の割合は、15段階で評価して8以上だった人が、63％を占めました。韓国の都市部での割合が44％だったのと比較すると、やはり高くなっていると言えるでしょう。

ちなみに、フィンランドで行われた双生児研究によって算出された音への過敏性の遺伝率（遺伝的要因の関与する割合）は36％と、意外に低いものでした。この結果が正しいとすると、生まれもった要因よりも、後天的な環境要因がずっと大きいということになります。

過敏な人にとって音は凶器のようなもの

海外の射撃場などで拳銃を撃ったことがある方は、拳銃の音に、最初は驚かれたはずです。映画やドラマで見るのと、実際にその迫力を生で体験するのとでは、だいぶ違いがあるのです。ましてや音に過敏な人にとって、拳銃の引き金を引くことは、なかなか容易なことではありません。拳銃の発射する弾丸だけでなく、その発砲音も、文字通り凶器に感じられてしまうほどです。

ピアノなどの楽器の音をめぐって、殺人事件にまで発展してしまうことが以前、頻発しました。それもまた、感覚が過敏な人の悲劇だったに違いありません。今よりも、もっと過敏性というものへの理解も浅く、ピアノの音が殺意まで生んでしまうということは、あり得ない話のように受け取られがちでした。

そうした事件が相次いで、音に対する意識はだいぶ変わりましたが、感覚がそれほど過敏でない人にとっては、どうしてそこまで切羽詰まるのか、不思議に思ってしまうでしょう。

ある三十すぎの男性は、隣人の鼾《いびき》の音に悩まされていました。すさまじい鼾の重低音は、ワンルームマンションの薄っぺらな壁など容赦なく貫通してしまうのです。いったん気になり出すと、耳栓をして、さらにその上からヘッドホーンで覆っていても、鼾の音が聞こえてきてしまいます。というよりも、かすかに聞こえる鼾の音に、わざわざ自分から注意を凝らしてしまうのです。そして、少しでも聞こえていると思うと、もう気になってどうしようもなく、気が狂いそうになるというのです。

結局、隣人が眠りにつくと一睡もできず、仕方なく隣人が朝起きたら、交代で眠り始めるという生活を余儀なくされていました。ところが、朝になったらなったで、今度は近くの線路を電車が走り始め、なかなか眠らせてもらえません。ついには仕事もできなくなっていました。音に過敏な人にとって、静寂が守られないことは、生活を土台から脅かされてしまうことになるのです。

過敏になったとき何が起きるのか

こんなふうに過敏な状態になったとき、何が起きているのでしょうか。

最初に生じるのは、ストレスを感じたときに起きる、視床下部―下垂体―副腎皮質系の反応です。視床下部からCRFというホルモンが放出され、それが下垂体を刺激し、ACTH（副腎皮質刺激ホルモン）というホルモンを放出させ、副腎皮質から、副腎皮質ホルモンを放出させるという一連の反応が起きます。ステロイドの軟膏《なんこう》を塗ると炎症が治まり、傷があっという間に治るように、とりあえず目先の対処を優先し、非常事態に備えるのです。

視床下部の反応に伴って同時に起きるのが、交感神経の興奮です。交感神経は、ファイト・オア・フライト（戦うか逃げるか）という生命を守るための防御反応にかかわっています。戦闘態勢をとるか、逃げ出すか、いずれにしても、脳や筋肉に十分な血液と酸素を送り出す必要があるために、心拍数は急上昇します。格闘や全力疾走に備えて、筋肉は緊張し、収縮します。事態を見極めるため、瞳孔は開きます。

こうした反応が、命にかかわるような事態に対して生じるのは、生き延びるために必要なことです。これらは、ある意味、外界の脅威に対処するための反応です。

ところが、この状態が長く続くと、マイナスの影響が出始めます。必要もないのに緊張が続いたり、副腎皮質ホルモンの影響で、高血圧や胃潰瘍、糖尿病などにかかりやすくなります。

しかし、こうした反応だけであれば、体調や気分は悪くなるかもしれませんが、恐怖症になったり、パニックを起こしたりすることにはなりません。もう一つ、過敏性を、別次元の状態に変えてしまう仕組みが存在するのです。

過敏状態のスイッチが入る仕組み

そうした別次元の過敏性は、同じ刺激を繰り返し受けたり、ある限界を超えるような強い刺激を受けたときに、獲得されてしまうものです。

たとえば、静電気恐怖症の人がいますが、最初からそんなに苦手だったわけではありません。しかし、何度かパチンと強烈な電気ショックを経験しているうちに、静電気に対して敏感な状態が出来上がってしまうのです。ときには、一回の体験だけでも、それがあまりにも苦痛や恐怖を伴っていると、ハイレベルな過敏性が獲得されてしまうことがあります。

私事になりますが、小学六年のときのことです。運動会のリレーの練習をしていた休憩時間に、いたずら好きの同級生が、競技用のピストルを、面白半分に私の耳元で発砲したことがあります。一瞬何が起きたのかわかりませんでしたが、血の気が引いて、白茶けた視界にキーンという音だけがしていました。それで、音に対して敏感になったかどうかはわかりませんが、音が自分を脅かすものとして感じられるようになったことには、多少与《あずか》っているかもしれません。

過敏性の獲得は、ある意味、学習であり、それが警戒すべき脅威だと脳が学習してしまったのです。そこには、学習に与る回路がかかわっていると考えられます。そこで重要な役割を果たすのが、NMDA受容体です。NMDA受容体は、弱い刺激では働かないのですが、いったんスイッチが入ると、しばらく興奮し続けるという性質をもっています。強い刺激や、多少弱い刺激でも繰り返し加わると、このスイッチが入ってしまうのです。NMDA受容体は、脳のいろいろな部位にあって、学習といった可塑的《かそてき》な変化（いったん生じると、その状態が保たれる変化）にかかわっています。

怖い体験や不快な体験が、外傷的な体験になってしまう上で欠かせない役割を担っているのが、扁桃体《へんとうたい》というアーモンドのような形をした器官です。扁桃体は、恐怖といったネガティブな感情の中枢であり、不快な体験をした記憶は、この扁桃体に刻み込まれるのです。その場合にも、NMDA受容体のスイッチが入り、長期間続く興奮（長期増強と呼ばれます）が引き起こされることにより、過敏で傷つきやすい状態が生み出されると考えられます。

もちろん脳には、興奮を抑え、馴れを引き起こす仕組みもあるのですが、興奮を冷ます仕組みがもともと弱い場合や、あまりにも刺激が強すぎる場合には、過敏状態のスイッチが入ってしまうと考えられます。

興奮を抑える仕組みの一つに、セロトニンという神経伝達物質を介した回路があります。扁桃体においても、セロトニンは不安や恐怖に伴う興奮を鎮める方向に働いているのですが、生まれつきセロトニンを運ぶポンプの働きが弱いタイプの人がいて、そうした人では長期増強が起きてしまいやすく、過敏な状態が生じてしまうと考えられます。

いったん過敏性のスイッチが入ると、通常は馴れが生じて反応閾値が上がっていくところが、逆に閾値が低くなってしまうのです。その結果、他の人にはまったく気にならない音や匂いさえも、耐え難いほど不快に思え、恐怖にさえ感じられてしまうのです。

過敏な人では心の傷ができやすく、心の傷を抱えると、さらに過敏になるという悪循環は、こうして生まれるのです。過敏な傾向と心の傷が強い相関をみせるのも、こうした仕組みを映し出していると言えるでしょう。

過敏状態のスイッチを切るには

コントロールできない不安や恐怖といったものに圧倒され、パニックになってしまうのは、些細な刺激で扁桃体が勝手に興奮し、暴走を始めるためです。

制御を失った扁桃体の興奮は強烈で、普段は冷静な人も激しい不安と恐怖の渦に飲み込まれてしまい、どうすることもできません。

しかし、コントロールを取り戻す方法がないわけではありません。扁桃体はもともと前頭前野という脳の司令塔によって、抑制性のコントロールを受けているのです。そのコントロールを強化すれば、不安や恐怖が暴走するのを防ぐことも可能なのです。コントロールを高める代表的な方法が「認知行動療法」です。それについては、また後の章で見ていくことにしましょう。

また、セロトニンの働きを活発にする薬も有効です。うつ病やパニック障害の治療に使われるSSRIは、セロトニンの働きを強化し、扁桃体の興奮を鎮めるのにも役立ちます。

神経が興奮しやすく、冷めにくい

過敏な人は、ある特定の刺激に対して過敏性のスイッチが入っている状態だとも言えます。ただ、そうなったのは、もともとスイッチが入りやすい特性をもっていたせいかもしれません。だとすると、また別の刺激に対しても、過敏になりやすいと言えますし、実際、そうした傾向がみられるのが普通です。

一つのものにアレルギーを起こすようになると、年々アレルギーを起こすものが増えていくように、過敏性も、特定のものから、さまざまなものへと広がっていきやすいのです。

そうならないように、一般化しすぎないことも大事なのです。特定の人が苦手だからと言って、人間全般がダメだと考える必要はないのです。自分は誰ともうまくやっていけないと極論するのではなく、あの人と合わないのだと考えた方がいいのです。

結局、そうした過剰反応を引き起こしやすいのも、興奮を冷ます抑制系の仕組みが弱いためかもしれません。抑制系が弱いと、一部分だけが反応すればよいところも、全部が反応してしまい、過剰反応が起きやすいのです。

抑制系の神経システムとして、もう一つ重要なのが、GABA《ギャバ》（ガンマアミノ酪酸）という神経伝達物質を介した仕組みです。GABAは抑制性の神経伝達物質の代表格で、GABAが放出されることで神経細胞はクールダウンするのです。

ところが、この仕組みが弱いと興奮がなかなか収まらず、さらに次の刺激が加わったりすると、どんどん過熱してしまうわけです。

強い心的外傷によって起きる障害に、PTSD（心的外傷後ストレス障害）があります。PTSDの人では神経が興奮しっぱなしで、過敏な状態が長く続きますが、血液中のGABAの濃度を調べてみると低下していることがわかったのです。

しかも、ストレスのかかる作業をしたとき、通常なら起きるGABAの上昇が少ししか起きないのです。

馴化を起こすプレパルス抑制という現象も、こうした抑制系の仕組みによっているので、この仕組みが弱いと、馴れるどころか逆に過敏状態のスイッチが入りやすくなります。

このGABAをもっと働かせればいいのではということになるでしょう。そのためのもっとも手っ取り早い方法が、飲酒したり、抗不安薬を飲むことです。アルコールにも、抗不安薬にも、GABA系を活性化させる働きがあるのです。そうした物質の助けを借りて、どうにか気を鎮めようとしているわけです。

そのため過敏な人は、アルコール依存症や抗不安薬依存になりやすいのです。

もっと安全な方法で神経の興奮を冷ますことができれば、それが一番のはずです。実はそういう方法があります。その方法とは、マインドフルネスや瞑想《めいそう》、ヨガ、リラクゼーションなどです。これについては、後の章でまた触れることにしましょう。

変化よりも、いつも通りが安心

こうした抑制系の弱さは、さまざまな困難をもたらします。馴れがなかなか生じないので、新しい刺激や環境の変化は苦手です。社会適応にも不利に働いてしまいます。社会適応に関して、神経学的過敏性は心理社会的過敏性に劣らない相関を示すことも、そうしたことによると思われます。

新しい場所や人になじみにくいというだけでなく、新しい料理を食べたりすることにも消極的で、食わず嫌いになりやすい傾向がみられます。

また、突発的に予定外のことが起きるのも苦手で、強いストレスを感じたり、パニックになりやすかったりするのです。

変化よりも現状維持を好む傾向は、チャレンジを避ける傾向にもつながります。不安や恐れを感じやすいため、どうしてもリスクをとる余裕がないのです。リスク回避と安全策を優先することになりやすいのです。

人付き合いも重荷に感じられ、楽しい集まりであっても、気疲れすることや嫌なことがあるかもしれないと、悪い可能性の方ばかりを考えてしまいます。それならやめておこうと、結局キャンセルしてしまうのです。予定や約束を入れることも負担に感じられるので、せっかくいた友達も、一人減り二人減りと縁遠くなってしまいがちです。

こうした消極的な傾向は、奇妙なことに若い頃にもっとも強まりやすいと言えます。過敏さは、十代後半から二十代にかけて、性ホルモンなどの関係もあり、もっとも強まる傾向があるからです。過敏な人では、若い頃の方が元気がなかったというケースが少なくないのです。

しかし、この時期をすぎるにつれ、過敏さは徐々に薄まり始めます。弱かった抑制性の神経系も、成熟とともに、その働きがましになるのかもしれません。

若い頃に比べると、明らかに楽になっていくことを、多くの人が感じます。それゆえ、今は過敏さゆえに引きこもっている若者がいたとしても、決して悲観する必要はないのです。

入ってくる情報を抑える仕組みが弱い

脳は高度な情報処理システムですが、他の情報システムと同様、入力情報が多くなりすぎると、うまく働かなくなってしまいます。災害時にケータイ電話のアクセスが集中して、電話交換システムがダウンするのと同じことです。

処理できる能力を超えて情報が入りすぎると、脳もパンクしてしまい、機能麻痺《まひ》に陥ります。感覚入力についても同じです。それを防ぐための仕組みが、フィルタリングです。フィルターで不純物を濾《こ》すように、不必要な情報を除去するのです。

脳の視床という領域で、この情報の濾過《ろか》が行われていると考えられていて、「視床フィルター」と呼ばれています。入力情報が増えすぎて頭が混乱しそうになると、フィルターの働きを強めて入力情報を減らすのです。この仕組みが働くことで、脳の機能がパンクし、疲れ果ててしまうのを防いでいるのです。

このフィルターの働きが弱いと、どうでもいい情報まで入りすぎてしまうため、脳が疲れやすいだけでなく、不注意によるミスや混乱が生じやすくなります。肝心なことに集中できず、作業や学習の能率が落ちてしまいます。選択的注意が弱くなるため、にぎやかな場所で話をしたりすると、聞き取りにくいだけでなく、ものすごく疲れてしまいます。

脳が疲れてくると何も感じなくなったり、情報が頭に入ってこなくなるのも、この仕組みが働くことにもよるのです。そういうときはおとなしく休むのに限ります。脳が自らを守ろうとして、シャットダウンしているわけですから。

ところが、中にはそうした仕組みがうまく機能せず、疲れ果てているのに、脳が働き続けてしまう人がいます。容量オーバーで爆発しそうなのに、情報が抑制されず、入り続けてしまうのです。そうなると、脳は疲労困憊《ひろうこんぱい》してしまい、うつに陥ったり、逆に暴走して躁状態になったり、統合失調症を発症してしまう場合もあります。

そうした危険を本能的に避けるためでしょうか、感覚過敏な人は、刺激がありすぎる環境を避けようとするのが普通です。人付き合いを控えて、一人で静かに暮らしたり、人ごみや騒々しいところは避けて、自分の部屋でのんびり過ごすのを好みます。

これは、とても理にかなったことだと言えるでしょう。感覚過敏な人は、脳が働きすぎるだけでなく、情報のフィルターも弱い傾向があるからです。そのため物理的に情報を遮断し、ぼんやりと過ごすことも大切なのです。情報や刺激が溢《あふ》れすぎた環境にいると、疲労するばかりで、メンタルヘルス的にもあまり好ましくありません。

過敏さは表情に一番表れる

精神科医は、表情をとても重視します。それというのも、その人の精神状態が一番表情に表れやすいからです。過敏さもまた然《しか》りです。過敏な人では表情が硬く乏しくなりがちです。笑顔も少なくなりがちですが、笑っているときも、自然な柔らかさではなく、突っ張ったような緊張があり、心から楽しんでいないことが見て取れます。視線が落ち着きなく動いたり、きょろきょろしたりします。瞬《まばた》きが多い傾向がみられ、口角や目元に不随意運動がみられることもあります。

実は、こうした現象は、単なる心理学的現象ではなく、脳内の神経系の働きを映し出した生理学的現象でもあるのです。

たとえば、瞬きという現象は、ドーパミン系の活動の良い指標です。ドーパミン系の働きが過剰になると、瞬きが増えるのです。逆にパーキンソン病や重度のうつ病でドーパミン系の働きが低下すると、瞬きが極端に減ります。

表情にも、ドーパミン系の働きは如実に表れます。働きが過剰でも低下していても、表情が硬くなるという点では似ていますが、前者の場合には険しさが強まり、後者の場合には能面のような無表情になる傾向がみられます。

脳内のセロトニン系の働きも表情や雰囲気に表れます。セロトニン系が亢進している人は、ボス的で堂々とした、ときには傲慢な様相を呈しやすく、低下している人は、おどおど、びくびくしています。

過敏な傾向が強まったとき、大きく分けて二つの表れ方をします。一つは、周囲に不安な思いやイライラを向けるという反応です。もう一つは、殻に閉じこもり、周囲から距離をとることで自分を保とうとする反応です。

前者の場合には、表情にもネガティブな感情をみなぎらせ、負のオーラを帯びるようになります。機関銃のように怒りや不満、傷ついた思いを発するのが普通です。

一方、後者の場合には、伏し目がちになり、口数も減ってしまいます。感情を抑え込んでしまいがちです。

後の章で詳しく扱いますが、実はこの両者の反応の違いは、脳の働き方の違いを反映していると言われています。前者は、右前頭前野の活動が活発な傾向がみられ、後者の人では左前頭前野の活動が活発なのです。

同じように過敏性を抱えていても、正反対にも見える表れ方をするのです。

対人緊張が強く、人に接近されるのが苦手

過敏な人にみられるもう一つの傾向として、人がそばにいたり、接近されると不快に感じやすいことが挙げられます。距離をとった関係の方が安心するのです。

スキンシップをとることは通常、安心感を高めるとされますが、過敏な人では、ボディタッチに抵抗や不快さを感じてしまう傾向があります。接近されることだけでも嫌なわけですから、体が接触することは喜びよりも苦痛を感じやすいのです。

過敏な傾向は強い緊張と結びつきやすいですが、特にそれが対人場面で強まりやすく、対人緊張が強い傾向がみられます。人前に出たりするのも苦手です。

そうした特性を考えると、過敏な人になれなれしく接近したり、一方的にスキンシップをとったりするのは考えものです。なれなれしい人に対して戸惑いや不快さを感じ、苦手意識をもってしまいます。

Fさんは、二十三歳の女性です。とても緊張が強く、人前で話そうとするだけで泣いてしまうほどです。対人緊張が極度に強い人では、こうしたことが起きる場合があります。人前で極度に緊張して、社会生活に支障が出る状態は社交不安障害と呼ばれますが、Fさんも重度の社交不安障害を抱えていました。

Fさんは感覚過敏とともに馴化抵抗が強く、愛着不安や心の傷のスコアも高くなっていました。これだけ緊張が強いのですから、引きこもってしまうのも無理はありませんでした。

診察やカウンセリングに通う中で、次第に元気を回復して、前向きに活動するようになっていました。外に出ることも少しずつ増えました。

ところが、あることをきっかけに、またくよくよ悩むことが多くなってしまいました。あることとは、転居です。古い一戸建てから新しいマンションに引っ越したのにもかかわらず、そこになじめず、前の家の方が良かったと、そのことばかり考えて落ち込むようになってしまったのです。

これまでもFさんは、過去の失敗を引きずり続けるところがあり、そもそも引きこもってしまったのも、頑張っていた仕事を辞めたことで、自分は何をやってもダメだと思ってしまったからでした。

過敏な人では新しい環境に馴れにくいだけでなく、過去にとらわれやすく、気持ちの切り替えがなかなかできないことも多いのです。

鈍感だったり、目の前のものに気づかない一面も

なかなか理解してもらいにくいことですが、過敏な人は、同時に鈍感な一面をもっていることが多いと言えます。鈍感というと語弊があるかもしれません。気が付きにくいと言った方がいいでしょうか。

物音にすごく過敏で、触られることも嫌がる一方で、顔に何かがついていても気が付かなかったり、服に値札がついたままになっていたりするのです。敏感な一方で気が利かず、目の前のことに気が付かないという一見矛盾した状況が、誤解を生みやすいと言えます。周囲からは、ぼんやりした人と思われていることも多く、それなのに些細なことを気にしたり、そのことで

大騒ぎしたりするので、単なるわがままではないかと思われてしまうこともあるのです。

なかなか寝付けない一方で、いったん寝込んでしまうと、目覚ましがけたたましく鳴っていても、気が付かずに眠り続けるというようなことも起こります。これも、低登録な傾向が同居しやすいために起きます。スイッチの切り替わりが悪く、なかなかやり始めないのに、やり出すとやめられなかったりします。

ネガティブになりやすい

同じ物事が起きても、受け止め方次第で、感じ方や受ける影響は百八十度変わります。ところが、過敏な人ほど、ネガティブな認知に陥りやすい傾向がみられるのです。

たとえば、過酷な職場環境のため、悩んだ末、一年でその会社を辞めてしまったとしましょう。前向きで肯定的な認知の持ち主は、あんなひどい職場環境でよく一年も我慢したなと自分の頑張りをたたえ、自分にふさわしい仕事をするために見切りをつける潮時だったと、一年で辞められたことを評価するかもしれません。

ところが、ネガティブな認知の人は、一年で辞めてしまった自分は情けないとか、みんなの期待を裏切ってしまったとか、ここで一年しかもたなかったのだから、どこへ行ってもダメだろうと自分を否定し続けるのです。

そういう気持ちでいたら、せっかく辞めて新たなチャレンジのチャンスなのに、そちらには目がいかず、もう終わってしまった過去のことを悔やみ続けてしまい、結局、ダメージを引きずってしまうことになりかねません。

現実には、職場を変わることでチャンスをつかんだり、自分らしい生活を手に入れたり、これまでの苦労が嘘《うそ》のように元気になる人も大勢いるのですが、仕事は辞めたらダメだという固定観念に縛られた生真面目な人ほど、過酷な職場ではなく、それについていけない自分を責めてしまうのです。

ただ幸いなことに、過敏な傾向とネガティブな認知の相関は、係数が0・39と、比較的マイルドな結びつきでした。過敏だからと言って、必ずしも悲観的で否定的な考えにとらわれるわけではないのです。

過敏な傾向そのものを改善するのが難しい場合でも、受け止め方を変えることは可能ですし、後の章で見ていくように、そうした訓練により、過敏さから生じる苦痛を減らすこともできるのです。

物事を両極端にとらえやすい

過敏な人にもっとも特徴的な認知の傾向は、実はネガティブな認知ではなかったのです。ネ

表8

	二分法的認知(+)(幸福度)		二分法的認知(−)(幸福度)	
過敏性(+)	43.4%	(1.21)	10.8%	(1.44)
過敏性(−)	27.7%	(2.00)	18.1%	(2.00)

ガティブな認知以上に強い結びつきを示したのは、全部良いか、全部悪いかのどちらかになりやすい両極端な認知の傾向でした。過敏性スコアとネガティブな認知との相関は0・39でしたが、二分法的認知との相関は0・50と一段強いものでした。

全か無か、白か黒かの認知は、二分法的認知とも言われますが、過敏な人では極端な結論に走りやすいのです。それまで好意的に受け止めていたことも、何か思いに反することが起きると全否定してしまいやすく、関係が終わってしまうことも珍しくありません。

表8は、過敏な傾向と二分法的認知の傾向の有無によって四つのグループに分け、それぞれの人数の比率と、幸福度の平均を示しています。過敏な傾向が強い人(過敏性スコアが12以上)では、二分法的認知の傾向をもつ人が、そうでない人の4倍程度いることがわかります。過敏な傾向があまりない人(過敏性スコアが12未満)では、二分法的な傾向をもつ人は、そうでない人の1・5倍程度でした。

ただ、過敏な人が全員、二分法的認知を示すわけではないことも重要な事実です。過敏な傾向があっても、五人に一人は、二分法的な傾向があまりなかったのです。それぞれの幸福度の平均を比べてみると、過敏で二分法的な人たちでは幸福度が1・21（1が最低で、4が最高）であるのに対し、過敏な傾向があっても、二分法的認知があまり強くない人では、幸福度が少し上がって1・44でした。

それに対して、過敏性があまり強くない人たちでは、二分法的認知の傾向があるかないかにかかわらず、どちらも幸福度は2・00で同じという結果でした。

過敏な人では、二分法的な認知がさらに幸福度を下げてしまっていると推測されます。後の章で見るように、二分法的な認知に陥らないようにすることが、過敏性のマイナスの影響を防ぐ上で一つの課題となるのです。

体調がすぐれず、痛みや疲れを感じやすい

神経が過敏な人では、気分が憂鬱になりやすいだけでなく、体調もすぐれない傾向がみられます。頭痛や胃痛、吐き気やめまい、下痢といった身体面の不調が現れやすいのです。

疲れやすい傾向も顕著で、ちょっと出かけて知り合いと会っただけで人の何倍も気疲れしてしまい、二、三日寝込んでしまうということもあります。過敏さのために、外出や人と会う予定があると前夜は眠れないということも珍しくありません。

疲れると、よけい過敏になって睡眠などに影響が出やすいという傾向もみられます。これも

抑制性の神経機構が弱いためです。頭がさえすぎて、寝床で次々いろんなことを考えすぎてしまうのです。

そのしわ寄せで、日中活動すべき時間にぐったりして動けないということにもなりがちです。無気力と誤解されることもよくあります。

抑制性の神経系はリラックスさせ、緊張を和らげてくれますから、その働きが悪いということは体がいつも硬く、緊張しやすいということです。実際、過敏な人には、肩こりや頭痛で悩んでいる人がとても多いのです。痛み止めが手放せないという人も少なくありません。

身体化のしやすさと、神経学的過敏性の相関は0・55と、やや強い結びつきがみられます。全員が全員そうした傾向を示すわけではありませんが、そのリスクは、かなり上昇すると考えられます。

身体化と妄想傾向は同居しやすい

過敏な人に伴いやすい問題として、身体化と妄想傾向があります。表9は、過敏性の有無と身体化の有無で四つのグループに分け、人数の分布と各グループの幸福度、妄想傾向の平均値を示したものです。

過敏性のない人では、身体化しやすい人は全体の6％、身体化があまりみられない人が全体

表9

	身体化(−)	(幸福度、妄想傾向)	身体化(＋)	(幸福度、妄想傾向)
過敏性(−)	39.8%	(2.03, 0.33)	6.0%	(1.80, 0.40)
過敏性(＋)	27.7%	(1.39, 1.93)	26.5%	(1.11, 3.18)

の約四割ですので、過敏でない人の13％にすぎないことになります。一方、過敏な人では、身体化しやすい人の割合が、半分近くに達しています。リスクが約4倍に増えていることになります。

また、幸福度の方に着目すると、過敏性の方が、幸福度を下げやすいですが、身体化も幸福度の低下と結びついていることがわかります。過敏で、しかも身体化も伴った人では、過敏性も身体化もみられない人に比べて、幸福度が大幅に下がっていることがわかります。さらに注目すべきは、両方の悪条件が重なると、妄想傾向が著しく強まることです。

過敏な上に身体的な不調も加わると、よけいにつらさが増し、物事を被害的に受け止めてしまうと考えられます。

身体化と妄想傾向は、ストレスによるダメージの結果だと言えますが、同時に、身を守るための究極の防衛反応だとも言えます。身体化は体の症状を出すことによって、それ以上無理をさせないようにしますし、周囲から優しいいたわりやサポートを引き出すことにもつながるでしょう。

一方、妄想傾向は、理不尽でままならない現実に対して、自分の非や無力さと向き合うことを避け、周囲の非や悪意に責任を転嫁することで、自分の正当性を守ろうとします。

これまでの精神医学の「常識」として、体の症状が強まると、精神状態がむしろ改善するという「神話」がありました。これは、実際にしばしば経験することで、死にたいと言っていた人が、本当に死にそうな体験をして、逆に生きることに前向きになったり、幻聴や妄想が慢性的に続いていた人が、体の病気にかかって正気に返ったかのように安定するといった現象です。

身体化することで、妄想的になって身を守る必要がなくなるというメカニズムも、確かに存在すると思います。しかし、今回の調査でも明らかとなったように、一般的にはその「常識」は当てはまらず、身体化と妄想傾向は、むしろ同居しやすく悪循環を形成するということです。

人の顔色に敏感で、見捨てられたように思いやすい

神経学的過敏性（感覚過敏と馴化抵抗で評価）が強い人では、概して人の顔色に敏感で、些細な兆候から自分が見捨てられたように思いやすい傾向がみられます。

自分にとって大切な存在のことを無条件に信じることができず、常に相手の反応を気にして、自分はいつか拒否されるのではないのかという不安を感じやすいのです。こうした愛着不安と神経学的過敏性との相関は0・68と、かなり高いものでした。

親に見捨てられるようなつらい体験により神経学的な過敏性が強まったのか、もともと過敏

だったところに見捨てられる体験をして、さらに傷つきやすくなったのか、その辺りのメカニズムはこの結果からはわかりませんが、これまで行われてきた多くの研究は、両方のメカニズムがかかわっていることを示唆しています。

音に対する過敏性のような感覚的過敏性でさえ、その遺伝率は36％にすぎなかったという報告を思い出してください。音への過敏性でさえ、三分の二近くは環境要因によって決まるのです。

幼い頃、家庭が安心できる場所ではなく、怒鳴り声に怯《おび》えて育ったりした場合も、音に対する過敏性は悪化するに違いありません。実際そういうケースにはたくさん出会います。

そうした人が音に過敏であるだけでなく、人の顔色にも過敏だったとしても、不思議はないのです。暴力的な親のもと、不安定な家庭環境で育った人には、両者が併存することは、むしろ自然なことでしょう。もちろん、感じないようにすることによって身を守ろうとする防衛反応も起きるので、そうしたケースでは、低登録も併存しやすいでしょう。

ちなみに筆者の場合、生後十か月から半年間、母親が入院したため、親戚の家に預けられて過ごしました。母親が戻ってきたとき、私は大変な良い子になっていて、母親の言うことをよく聞いたそうですが、半年もすると大変な悪い子になって、母親を困らせたそうです。甘えられるようになるのに、半年かかったということでしょうか。

表10

	心の傷（－）（妄想傾向、社会適応度）		心の傷（＋）（妄想傾向、社会適応度）	
過敏性（－）	31.3%	（0.12, 1.73）	14.5%	（0.83, 1.50）
過敏性（＋）	6.0%	（1.00, 1.60）	48.2%	（2.74, 0.98）

心が傷つきやすく、それを引きずりやすい

神経学的過敏性が高い人では、心が傷を受けやすいだけでなく、それを長く引きずりやすい傾向がみられます。心の傷のスコアとの相関係数は０・６４と、かなり高いものでした。

表10は、過敏性の有無と心の傷のスコアが高いか低いかによって、四つのグループに分け、それぞれの人数の割合と、各グループの妄想傾向や社会適応度の平均を示しています。

過敏性があまり強くない人たちでは、心の傷のスコアが高い人は、低い人の半分程度でしたが、過敏性が強い人たちでは、その割合は逆転し、心の傷のスコアが高い人の方が、低い人の８倍にも達しています。心の傷を抱える相対的なリスクは、過敏な人では約２・８倍になる計算です。

また、両者の要因が重なると、妄想傾向が著しく強まることがわかります。過敏性も心の傷もあまりない場合には、わずか０・１２という値（０がもっとも低く、最高が３）ですが、過敏性も心の傷も抱えている人では２・７４に跳ね上がっているのです。逆に社会適応度は低下し、特に両方

表11

	感覚過敏＋感覚回避	神経学的過敏性	心理社会的過敏性	過敏性スコア
生きづらさ	0.42	0.55	0.77	0.71
幸福度	0.34	0.37	0.53	0.50

が重なったとき、社会でうまくやれていないと感じる傾向が顕著に強まります。

過去のつらい境遇（本人が、恵まれない過酷なものだと、どれくらい感じているか）と心の傷の相関は０・２４とかなり弱く、その人の過去の境遇がどうだったかという以上に、神経学的過敏性の方が、心がダメージを引きずってしまう傾向に関与しているということが示唆されたのです。

生きづらく、不幸だと感じやすい

今回調査した項目の中で、過敏性ともっとも強い結びつきを示したのは、生きづらさ（生きるのが苦痛で嫌だと感じている傾向）でした。過敏性スコアとの相関係数は０・７１にも上ったのです（表11）。

過敏な人は、生きることに喜びよりも、苦痛を感じてしまうのかもしれません。生きるのが嫌だと感じるのには、気分だけでなく、先述のように体が不調になりやすいことも関係しているでしょうが、過敏な人をよりいっそう苦しめるのは心理社会的な傷つきやすさです。

実際、神経学的過敏性と生きづらさとの相関は０・５５、身体化しやす

表12

	幸福度(＋)		幸福度(−)	
	生活障害指数	肯定的認知	生活障害指数	肯定的認知
生きづらさ(−)	**22.9%**		**1.2%**	
	9.7	2.10	5.0	1.00
生きづらさ(＋)	**33.7%**		**42.2%**	
	20.3	1.00	23.6	0.63

さと生きづらさの相関は０・４４でしたが、心理社会的過敏性との相関係数は０・７７という高い値だったのです。

心理社会的過敏性が、生きづらさと、より強く結びつきやすいことがわかります。見捨てられることに極めて敏感な境界性パーソナリティ障害を抱えた人のおよそ一割が自殺で亡くなることも、イジメやパワハラを受けた人が、自殺にまで追いつめられることが珍しくないのも、そこに一因があると言えるかもしれません。

一方、幸福度と過敏性についても、神経学的過敏性よりも心理社会的過敏性が、より強い相関を示すことがわかります。ただ、その程度は生きづらさよりも緩いものです。

その点についてさらに調べてみるために、幸福度が平均より高いか低いかと、生きづらさを感じているか、あまり感じていないかで四つのグループに分けて、それぞれのグループの傾向を調べてみることにしました。

各グループの全体に占める人数の割合と、各グループの生活障害指数の平均、肯定的認知のスコアの平均を示したのが表12です。

生きづらさをあまり感じていない人では、ほとんどの人が幸福だと答えていることがわかります。

一方、生きづらさを感じている人では、幸福でないと感じている人の割合が、幸福だと感じている人を上回りました。それでも、生きづらいと答えた人のうち44%は、幸福だと答えているのです。

生きづらさを感じつつも幸福だと答えた人と、幸福でないと答えた人には、どういう違いがあるのでしょうか。実際の生活の困難さの指標である生活障害指数を見ると、幸福だと答えた人の方が、生活障害指数がわずかに低い値ですが、それほど顕著な違いではありません。

もっと顕著な違いを見せたのは、肯定的な認知の傾向です。生きづらさを感じつつも幸福だと答えた人では、肯定的認知のスコアが幸福でないと答えた人の1・6倍に上ったのです。逆に、生きづらさがあまりないにもかかわらず、幸福感が乏しいと答えた人では、肯定的な認知のスコアが、幸福だと答えた人の半分以下でした。

生活の困難度合いは、生きづらさに素直に表れているとも言えます。幸福かどうかと聞かれたときに、肯定的な認知の傾向がある人では、実情がどうであれ、幸福だと前向きに答える傾向があるのかもしれません。肯定的認知は、実情が厳しくても絶望しないという点で、防波堤の役割を担っているとも考えられます。

心の拠り所がないと感じやすい

過敏な傾向を抱えている人は、そうでない人よりも、もっと支えや安心感を必要としているはずです。ところが、現実は過酷なものです。もっとも不足している人ほど、与えられないということが起きがちなのです。

過敏性を抱えている傾向と、安心感の拠《よ》り所となる存在がいて、うまく支えとなっているかの関係をみると、過敏な人ほど、そうした支えがないと感じている現実が明らかとなったのです。

安心感の拠り所となる存在は、「安全基地」とも呼ばれます。その人にとっての安全基地がうまく機能しているかどうかと、神経学的過敏性との相関が−0・41、心理社会的過敏性との相関が−0・54でした。安全基地機能は、心理社会的過敏性とより強く関係していると言えますが、神経学的な過敏性とも関連しています。

この結果については、二通りの解釈が可能でしょう。一つは、親との愛着が不安定であったり、虐待やイジメを受けたりすることで、本来の安全基地が安全基地として機能してこなかった人では、心理社会的過敏性だけでなく、神経学的過敏性さえも亢進しやすいということです。

もう一つは、過敏であるために、相手を信じたり、素直に受け入れることができず、親密な

表13

	安全基地(+)		安全基地(−)	
	肯定的認知	社会適応度	肯定的認知	社会適応度
過敏性(−)	34.9%		10.8%	
	1.76	1.72	0.78	1.44
過敏性(+)	24.1%		30.1%	
	0.95	1.20	0.60	0.92

関係を築いたり、信頼関係を維持したりすることが難しく、安全基地を保持しにくいという面です。

実際の多数の事例から得られた知見に基づいて言うと、そのどちらもが絡み合っているというのが真相だと思われます。

しかし、安全基地は、遺伝要因のように動かし難い要素ではありません。本人や周囲の人の理解と努力によって、その機能を大幅に変化させることができます。われわれ医師や心理士が何か役に立てるとすると、その最大の役目は臨時の安全基地を提供することかもしれません。

過敏性の有無と安全基地がうまく機能しているかで、四つのグループに分け、各グループの人数の割合や、肯定的認知、社会適応度の平均値をみたのが表13です。

約四割の人が安全基地がないと感じていますが、あまり過敏でない人では、その割合は三分の一以下であるのに対して、過敏な傾向がある人では、その割合は半数以上に上ります。過敏な人では、安全基地がうまく機能しないリスクが約2・4倍に上昇することになります。

安全基地がうまく機能していないケースでは、肯定的認知のスコアが低く、前向きに考えることができにくいと言えます。また、社会適応度への影響が、過敏性と同程度ぐらいに認められることは注目に値するでしょう。

この事実は、過敏なケースでも、安全基地機能を高めることによって、肯定的認知や社会適応度を改善する可能性があるのではという期待をもたせます。

さらには、過敏性自体を改善することへの期待も生まれるわけですが、後で見ていくように、そのことは、われわれの臨床現場で日常的にみられる現象なのです。

安全基地機能を改善することにより過敏性が和らぎ、それによって、さらに安全基地機能が高まるという好循環を生むことが、絶望的に思われていたケースの回復において一つのカギを握るのです。

過敏性は、優れた表現力や創造性と結びつく

ここまで、過敏性に伴う負の要素についてばかり述べてきましたが、何事もデメリットの面があれば、メリットになる面もあるものです。では、過敏性に伴うメリットとはどういう点でしょうか。

たとえば、感覚過敏な人では、コミュニケーション能力や表現能力が高い傾向にあるということが知られています。感覚が過敏な人では、思考や情緒的な体験も豊かで、芸術的な才能や文学的な才能に結びつくこともしばしばです。

感覚過敏に苦しんだ人は、文化人には非常に多いと言えます。『失われた時を求めて』という長大な小説で知られるフランスの小説家プルーストは、音に敏感で、些細な物音でも気になると原稿が書けないため、コルク張りの部屋にこもって執筆していました。

文豪の夏目漱石も、近所の子どもたちがうるさく遊ぶ声が気になって、よく怒鳴りつけていたと言います。自分の子どもが泣いても機嫌が悪くなり、怒り出すので、妻の鏡子は夫を怒らせないように、いつも気を遣っていたようです。漱石の場合は、単なる感覚過敏というよりも被害妄想が入っていて、自分を馬鹿にしているとすぐに思ってしまうところがあったようです。

感受性や表現能力とともに、クリエイティブな能力が高いことも、感覚過敏な人の特徴だと言えるでしょう。これは、ドーパミン系の活動が活発なことと関係しているに違いありません。ドーパミン系の活動は、直感やインスピレーションの源でもあり、感覚過敏は、そうした大きなメリットを享受するための代償だとも言えるのです。

第四章 発達障害と感覚処理障害

発達障害も愛着障害も過敏性の原因になり得る

過敏性は、さまざまな疾患や障害に伴って表れますし、病気や障害がなくてもよく起きる状態、たとえば睡眠不足や過労、二日酔いによっても強まることが知られています。

それゆえ過敏性だけで、一元的な議論をすることは危険な面もあるわけです。先にも述べたように、発熱という症状だけで熱病と診断することはあまり診断的価値がないのと同じで、その背後にある病態や病因を理解することが、適切な対処のためには不可欠だと言えます。

過敏性も、さまざまな状態や疾患、障害に伴って表れることを知っておいていただくことは、重大な疾患や障害の兆候を見落とさないという点で大事でしょう。

感覚過敏や神経過敏を引き起こす状態で、頻度の高いものの代表が、自閉スペクトラム症（ASD）などの発達障害です。自閉スペクトラム症では、緊張が亢進していることもしばしばです。

過敏性は、発達障害、ことに自閉スペクトラム症の診断において、大変重視されるようになっています。それは、もっとも早く気づくことのできるサインだからです。コミュニケーションや社会性の問題が明らかになるのは、一、二歳以降、ときには、十代、二十代になってからですが、感覚過敏や感覚の鈍さといったサインは、生後半年になる頃には認めることができるのです。

自閉スペクトラム症の場合、できるだけ早く発見して、療育や親御さんのかかわり方のサポートを開始した方が予後が良いことを考えると、生後一年とたたずに、その兆候に気づけることは大きなメリットなのです。

同じように幼いうちから感覚過敏が認められるものに、虐待を受けたり、親から引き離されるなどによって生じた愛着障害があります。愛着障害は、愛着の障害であると同時に、傷つけられる体験による心的外傷関連障害の側面をもちます。

幼い頃に心的外傷体験をした人では、感覚過敏や低登録のスコアが有意に高くなっていることが示されています。つまり、感覚プロファイルから、発達障害と愛着障害を見分けるのは難しいのです。

過敏性プロファイルの方が、両者を鑑別する上で助けになりますが、愛着障害でも、トラウマ的体験によって神経学的過敏性が高まっているのが普通ですし、発達障害の子どもも二次的な心の傷を抱えていて、心理社会的過敏性が高いことも多く、過敏性プロファイルでは見分けがつきにくいケースも少なくないと言えます。

やはり一番頼りになるのは、成育歴や養育環境について、できるだけ多くの正確な情報を集めることです。しかし、大人のケースでは、それが難しい場合もあります。そうしたとき、決め手として役立つのは、親との関係が安定したものかどうか、困ったときに親に甘えられるかどうかです。親との関係がどこかぎこちなかったり、親に素直に甘えられない場合や、逆に過度に気を遣いすぎる場合にも、愛着障害を疑ってみた方がよいでしょう。

過敏性を生じる他の疾患とは

過敏性は、他の多くの精神疾患や身体疾患でも生じます。

精神疾患の中で、特に注意を要するのは統合失調症です。統合失調症では、音や視線に対する過敏性が亢進し、外出を嫌がるようになります。カーテンを閉め切った部屋にこもったり、耳栓をしたりすることもしばしばです。声や音への過敏性が高じると、幻聴が聞こえてくるようになります。

緊張型と呼ばれるタイプでは、筋緊張が強まり、興奮状態や昏迷《こんめい》状態（無動・無反応になった状態）が生じたりします。神経が働きすぎて、機能停止に陥ってしまうのです。統合失調症では、過敏性とともに低登録の傾向も強まり、特に慢性期にはその傾向が目立ちます。

感覚過敏よりも、他者からの受容や評価、パフォーマンスの成功・失敗など、心理社会的なプレッシャーに対して過敏になった状態が、不安障害、抑うつ障害、適応障害、パーソナリティ障害など多くの精神疾患です。

特定の状況に対して特に過敏性が亢進しているものの代表が、パニック障害や恐怖症、PTSDなどです。

神経系疾患や代謝性疾患などの身体疾患でも、過敏性がみられることがあります。

感覚過敏とともに、しびれや麻痺もある場合には、末梢神経障害や脳血管障害、脊柱管狭窄症《せきちゅうかんきょうさくしょう》、鞭打ち《むちう》損傷などによる神経障害が疑われます。

激痛を伴う場合には、線維筋痛症や多発性硬化症、多発性神経炎なども考慮する必要があるでしょう。

また、内分泌疾患やビタミン欠乏症、重金属中毒や、服用しているお薬の影響によっても、感覚過敏や痛覚過敏が起きることがあります。

音に対する過敏性は聴覚過敏と言いますが、自閉スペクトラム症や統合失調症以外にも、てんかんや顔面神経麻痺、偏頭痛、内耳疾患、脳炎や髄膜炎、その後遺症でもみられます。

光に対して過敏になる症状は羞明《しゅうめい》と言いますが、角膜や結膜の炎症、網膜や視神経の病気によって起きる場合と、中枢神経に原因がある場合があります。

本来は痛みを感じないような刺激が痛みとして感じられるような激しい感覚過敏は、アロディニアと呼ばれ、偏頭痛に合併して起こることがしばしばです。

これまで感覚過敏や神経過敏ではなかったのに、そうした症状が新たに出現してきた場合には特に注意が必要で、早めに専門医の診察を受けてください。

本章では、生得的要因が強いとされる発達障害や虐待などによる愛着障害と過敏性の関係について、さらに理解を深めていきたいと思います。

自閉スペクトラム症と過敏性

発達障害を代表するものの一つが自閉スペクトラム症です。自閉スペクトラム症は、①対人関係やコミュニケーションにおける相互性や共感性の困難、②感覚過敏または感覚鈍麻、③同じ行動パターンを繰り返したり、特定の関心や話題へのとらわれ、などを特徴とする状態です。診断基準の一つに、感覚過敏や感覚鈍麻が挙げられているように、自閉スペクトラム症と過敏性は深い結びつきがあると言えます。

実際、感覚が過敏な人では、人との接触を避ける、聞き取りが苦手で相手の話についていけない、冗談がすぐにわからない、想定外のことが起きるとパニックになりやすい、新しいことや変化を好まない、などの傾向がみられます。これらはすべて自閉スペクトラム症の人に伴いやすい特徴です。

感覚プロファイルで見ると、感覚探求以外のものが高く、つまり、感覚過敏、感覚回避、低登録が高い傾向がみられます。

感覚の過敏さが見直された理由

ほんの数年前まで、感覚過敏という症状は自閉スペクトラム症の診断基準にさえ含まれず、随伴する症状程度に考えられていました。というのも、すべての自閉スペクトラム症に感覚過敏が認められるわけではないためです。むしろ反応閾値が高い鈍感な傾向が目立つ場合もあります。そのため、あまりあてにならない特徴として、他の症状よりも軽視されてきたのです。

ところが、研究が進むにつれ、自閉スペクトラム症に共通する障害として、感覚過敏も含めた感覚処理の障害がクローズアップされるようになったのです。

実はかなり以前から、自閉スペクトラム症には感覚統合の障害があり、それが根本的な障害ではないかという説がありました。この説は、感覚統合仮説と呼ばれるものですが、あまり重要視されてこなかったのです。

感覚統合理論が、精神医学や心理学ではなく、作業療法というリハビリテーションの分野から生まれたことも、関係していたかもしれません。長年、自閉スペクトラム症の病態仮説として有力だったのは、イギリスの精神科医バロン・コーエンが提唱した「心の理論」仮説です。近年は、それをミラーニューロンの働きと結びつけたミラーニューロン仮説が台頭しています。

心の理論とは、相手の立場になって、相手の気持ちを推測する能力のことですが、自閉スペクトラム症の人では、心の理論の発達が遅いのです。通常は四歳くらいで、自分の視点と他者の視点を区別できるようになるのですが、自閉スペクトラム症の人では、八歳かそれ以上までかかってしまいます。

しかし、そもそもなぜ、心の理論の発達が遅れるのかと言えば、その分かれ目は、もっと前に始まります。まだゼロ歳の頃から、乳児は母親の表情をまねたり、同じ仕草をしたり、母親の視線を追ったりし始めるのですが、自閉スペクトラム症と、その後診断される子どもでは、母親のまねをしたり、母親と視線や注意を共有することがあまりみられないのです。

ミラーニューロン仮説では、相手の動きを見るとき、相手と同じ動きをするときに働くニューロン（ミラーニューロンと呼ばれます）が活性化することにより、相手の意図や気持ちを読み取ることが可能になるというメカニズムが想定されるのですが、自閉スペクトラム症では、このミラーニューロンの仕組みがうまく働かないと考えられています。

このミラーニューロンの働きがうまくいかないと、相手に調子を合わせるということが困難となり、共同注視（人が見ている物を見ること）や相互的なかかわりも生まれにくいのではないかというわけです。

ただ、なぜミラーニューロンがうまく働かないのか、注意の共有が起きにくいのかという点や、自閉スペクトラム症の人にしばしばみられる不器用さやぎこちなさ、感覚の過敏や同じ行動パターンを好む傾向といった点は、うまく説明ができません。

自閉スペクトラム症の人は超男性脳の持ち主であるという「超男性脳」仮説は、ある程度そのことを説明できるかもしれません。

男性脳は、情緒的なものよりも論理的で、システム的なものを好みます。自閉スペクトラム症の人では男性ホルモンの濃度が高いことが知られていて、その仮説の根拠となっています。ただ、感覚過敏といったことについては、説明が苦しい面もあります。

その点、神経発達の過程で何らかのトラブルが起き、発達の不均衡が生じたとする神経発達障害仮説は、自閉スペクトラム症が示す多彩な症状を説明する上では、説得力があると言えるでしょう。

そうした中、脳の画像診断技術の進歩により、神経線維のつながり具合が詳細に解析できるようになり、それまで感覚統合障害として、ぼんやりとらえられていたものが、神経走行の異常などによる感覚処理の障害としてはっきりと解明されるようになってきたのです。そして、神経発達障害に伴って起きた感覚処理障害が、発達障害にみられるさまざまな特性や困難をもたらしている基本障害ではないかとも考えられているのです。

感覚処理障害とは

感覚器官（目や耳や皮膚や三半規管や舌など）からの知覚入力を情報処理する過程の障害により、さまざまな生活上の困難が生じる状態を感覚処理障害（sensory processing disorder）と呼んでいます。感覚処理障害は、大きく三つのタイプに分けられます。

一つは、感覚調整障害（sensory modulation disorder）と呼ばれるもので、感覚入力や反応をほどよく調節することの障害です。調節がうまくいかないと、感覚過敏、低登録、感覚探求、感覚回避といった各モードが強まりすぎたり、弱まりすぎたりすると考えられます。感覚プロファイルは、この四つのモードのバランスを見るためのものだと言えます。

もう一つは、感覚識別障害（sensory discrimination disorder）と呼ばれるもので、さまざまなタイプがあります。触覚の識別が困難なタイプだと、どこを触られているのかがわからないとか、何を触っているのかわからないといった症状がみられます。味覚や舌触りが阻害されるタイプや匂いの区別がつかないもの、中には燃えている匂いがわからないという場合もあります。

音に関する識別障害がある場合には、騒々しい場所での聞き取りが非常に困難になったり、よく似た音が聞き分けられなかったりします。低登録が高い状態では、感覚識別障害も認められやすいと言えます。

視覚に関するものでは、色や形が区別できなかったり、地図を目で追えなかったり、奥行きがわからなかったり、左右が混乱したりします。積み重ねた積み木の数を数えるように言われたとき、見えている積み木しか数えられないという場合も、視覚的な感覚識別障害が関係していることがあります。

前庭器官の識別障害があると、体がどちらを向いているのか、上下や傾きがわかりにくく、よく転んだり、姿勢が保てなかったりします。手加減がわからず、握手をするのに相手の手を痛くなるほど握りしめたり、ドアを強く閉めすぎたりして失礼だと誤解されることもあります。おなかがいっぱいなのかすいているのかわからなかったり、吐き気と空腹が区別できなかったりすることもあります。尿意や便意がわからず、トイレに行きそびれて失禁するということも起きてしまうのです。

三つ目は、感覚因性運動障害（sensory-based motor disorder）で、姿勢障害と発達性協調運動障害があります。姿勢障害は、姿勢保持が困難になるもので、きちんと座っていられず、すぐ体が蒟蒻《こんにゃく》のように、くにゃくにゃしてしまうもので、だらしない格好になってしまうのは、この姿勢障害が関係しているかもしれません。もう一つの発達性協調運動障害は、手先や身のこなしが不器用になるものです。

これらはいずれも、発達障害（神経発達症）に伴いやすいものです。

ただ、ここで気をつけねばならないのは、感覚処理障害は、虐待やネグレクトによって起きる愛着障害にも伴いやすいということです。感覚プロファイルやこれらの症状だけから、虐待されたかどうか、発達障害なのか愛着障害なのかを見分けるのは困難です。

さらに、虐待やネグレクトのケースに伴いやすい妊娠中のアルコール摂取の影響や、身体的な虐待による軽微な脳損傷といった問題が加わると、両者を区別することは事実上不可能となります。

とはいえ、感覚過敏や協調運動の障害を始めとする、さまざまな感覚処理障害が、発達の課題を抱えた人に非常に高率に認められることは間違いなく、一つの重要なサインだと言えるでしょう。

感覚処理障害としての自閉スペクトラム症

　感覚処理障害という視点は、コミュニケーションや社会生活を営む上での障害にとどまらず、自閉スペクトラム症の人が日々味わっている困難や、その人固有の世界を理解する上で、とても有用です。

　感覚過敏とともに低登録が併存するといったバランスの悪さや、聴覚や視覚だけでなく、触覚や味覚や前庭覚などにも困難を抱えやすいことも、感覚処理障害としてとらえることで、新たなスポットを当てられるでしょう。

　先にも述べたように、後に自閉スペクトラム症と診断される子どもでは、早くから感覚過敏や感覚の鈍さがみられることが多いのです。過敏で特定の食べ物や衣服しか受け付けないとか、逆に鈍感で、注射をしてもまったく泣きもしないといった場合もあります。

　ノイズ刺激の中から肝心な刺激だけを選んで注意を向ける選択的注意が苦手なことや、対人コミュニケーションにおいて、相手の話を聞き取って適切な応答をしたり、複数の人とタイミングよく会話を交わすことが著しく苦手なことが多いのも、感覚処理障害として理解すると腑《ふ》に落ちると言えます。

　いつも同じ行動パターンに固執することは常同性と呼ばれ、自閉スペクトラム症の特徴的な症状とされていますが、過敏性ゆえに生じる不安や緊張を紛らわす対処行動と考えることもできるでしょうし、低登録のため、行動のスイッチが切り替わりにくいと説明することもできるでしょう。実際には、その両方がかかわっていると考えられます。

注意力と過敏性

注意力の問題も、発達の課題として頻度の高いものです。

しかし、一言で注意力と言ってもさまざまな要素があり、性質の異なる機能を含んでいます。注意力は、大きく①注意の維持、②選択的注意、③注意の切り替え、④注意の配分（同時処理）などの働きに分けられます。

注意の維持は、文字通り注意を保つことで、注意の維持が低下するとすぐに気が散って、他のことに注意がそれてしまい、長時間の集中が困難になります。睡眠不足やうつ状態、疲労状態でも、注意の維持は困難になりますが、そうしたことがないにもかかわらず、注意の維持が困難な状態の代表が、ＡＤＨＤ（注意欠如・多動症）やＡＤＤ（注意欠如症）です。ただ、注意の維持は、過敏性スコアとは、ごく弱い相関しか認められませんでした（相関係数ｒ＝－０・１９）。

選択的注意は、ノイズ刺激に邪魔されず、特定の刺激にだけ注意を向ける機能で、たとえば選択的注意が弱いと、雑音のある環境ではたちまち集中できなくなってしまいます。騒々しい場所では相手の声が聞き取れなかったり、雑多な物の中から目当ての物を探し出すのが苦手になります。

注意の切り替えは、一つの視点から別の視点へ切り替える機能で、これが弱いと、一つの見方しかできなかったり、一つの視点にとらわれやすくなります。異変や間違いに気づくのにも、注意の切り替えが必要です。

注意の配分（同時処理）は、一つのことだけでなく、複数のことに注意を払う機能で、注意の配分が弱いと、同時に複数の作業をするのが苦手になります。

過敏性は、注意力全般に影響しますが、とりわけ選択的注意を阻害しやすいのです（相関係数r＝－0・51）。選択的注意は過敏性の指標としても優れていると言えます。一方、低登録が高い人でも、選択的注意や注意の切り替えが苦手となります。過敏性との関係からみても、注意の維持と、選択的注意や注意の切り替えとは、かなり性格の異なる機能だと考えられます。

ＡＤＨＤに似た症状があっても、過敏性が強かったり、選択的注意や注意の切り替えが弱い場合には、ＡＤＨＤよりも、自閉スペクトラム症や虐待を受けたことによる愛着障害が問題の本体であることも多いのです。自閉スペクトラム症や虐待による愛着障害では、過敏性とともに低登録を伴いやすいのです。

注意力の問題がある場合、どのタイプの注意力が弱いのかを見極めるとともに、過敏な傾向があるかどうかも、問題の原因を知る上で重要だと言えます。

ADHDと自閉スペクトラム症のプロファイル

ADHDの症状としては、不注意な傾向とともに、多動で衝動的な傾向が診断基準に挙げられています。無計画で衝動的な傾向は、過敏性とはごく弱い相関しかなく、また体を動かすことを好む傾向や、より強い刺激を求める傾向は、過敏性とはあまり関係がありません。

本来、ADHDと関係が深い遺伝的タイプは、新しい刺激を求めようとする新奇性探求とつながりが深いとされます。感覚探求の傾向や活動的な傾向が、過敏性とあまり相関しないことから、本来のADHDと過敏性はあまり関係がないと考えられます。したがって、ADHDの傾向に過敏な傾向が同居している場合には、虐待などによる愛着障害や、別の要因（自閉スペクトラム症、妊娠中のアルコール摂取・喫煙の影響など）が絡んでいる可能性も注意深く考慮した方がよいでしょう。

ADHDと自閉スペクトラム症とでは、感覚プロファイルにどういう違いがみられやすいのでしょうか。ADHD（実際には、虐待による愛着障害のケースも含まれていると考えられます）では、四因子とも高くなる傾向が報告されています。一方で、自閉スペクトラム症では、低登録、感覚過敏、感覚回避の三つの因子が高くなる傾向があるとされます。したがって、両者のプロファイルの違いは、ＡＤＨＤの方が、感覚探求が高いということです。この点は、新奇の刺激を求めようとする遺伝的タイプの人が多いという事実とも一致するでしょう。

虐待されて育った人のプロファイル

一方、虐待を受けた子どもでは、感覚探求や感覚回避が高いと報告されています。虐待を受けた子どもには、見境なく誰にでも甘えようとするブレーキの弱いタイプと、誰にも甘えず、体に触られることも嫌がるタイプの二つのタイプがあります。

前者は感覚探求が高いタイプでしょうし、後者は感覚回避が高いタイプだと言えます。報告されている結果は、その二つのタイプを反映しているものと思われます。

別の研究によると、幼い頃にトラウマ的体験をした大人では、低登録と感覚過敏が高いという結果が示されています。同じような体験をしても、子どもと大人では、感覚プロファイルが違う表れ方をする可能性があるわけです。

この結果は、もう一つ重要な可能性を示しています。それは虐待などによって、幼い頃、心に傷を負ったケースでは、大人になった頃に自閉スペクトラム症と非常に似た特性を示しやすいということです。

Aさんは、母親が看護師として幼い頃から働いていたため、あまりかまってもらえずに、ネグレクトと心理的虐待を受けて育ちました。母親との関係もぎくしゃくし続けています。

感覚プロファイルは、低登録と感覚過敏が非常に高いというもので、感覚探求や感覚回避は平均的でした。Aさんのようにネグレクトや虐待を受けて育った人では、低登録の傾向が強まることも、しばしばです。一方、過敏性プロファイルは、神経学的過敏性も、心理社会的過敏性もいずれも8と高い値で、トータルの過敏性スコアは24でした。

Bさんも、子どもの頃から父親に暴力を振るわれて育ちました。対人関係が最初はうまくいくのに、途中からだんだんおかしくなり、訣別《けつべつ》にまで至ってしまうということを繰り返していました。

感覚プロファイルは、感覚過敏だけが高く、あとは平均的でした。一方、過敏性プロファイルは、神経学的過敏性が6、心理社会的過敏性が8で、トータルの過敏性スコアが22でした。

この二例だけでなく、虐待（心理的支配などの心理的虐待も含む）された人やイジメなどの被害に遭った人に、大人になった段階で共通してみられる特徴は、過敏性が亢進し、感覚過敏などの神経学的過敏性が高いということと、それ以上に心理社会的過敏性（愛着不安や心の傷）が高い傾向を示すということでした。心理社会的過敏性が高い場合には、虐待やイジメによって愛着が不安定になったり、心が傷を負っている可能性があります。

低登録の二つのタイプの特徴

低登録が高い状態は、感覚調整障害の一つであり、神経学的レベルの障害によって起きているというのが一般的な理解です。ただ、数百例のケースを見ていくと、驚くべきことがわかってきたのです。

成人において、低登録の傾向が顕著なタイプは大きく二つに分かれます。一つは、シゾイドと呼ばれるタイプで、他人のことに無頓着で、誰とも積極的には交流せず、別にそのことを苦にも思わず、十年一日のごとく日々を過ごすタイプです。シゾイドと関係が深いとされる自閉スペクトラム症や慢性期の統合失調症でも、低登録は高くなります。ここまでは、ある意味、予測された結果だと言えます。問題は、もう一つのタイプです。

もう一方のタイプは、虐待を受けたり心理的なトラウマを抱えた愛着障害のケースだったのです。情緒不安定な傾向を伴っていることも多く、慢性的なうつや気分の波、自傷行為、不安定な家族との関係に苦しんでいました。

こちらのタイプは、切実に親密な支えを必要としていますが、拒否されたり傷つくのが怖くて、自分からアクションを起こせなかったり、自分に自信がなく、愛着不安も強いため、安定した関係が築きにくい面をもちます。診断的には、回避性パーソナリティ障害や境界性パーソナリティ障害の傾向を示すことが多いと言えます。

前者のケースは、仕事や決まりきった日常が支えとなりやすいと言えます。後者の場合には、人とのかかわり合いの中で救いを見出すことが多いと言えます。

さまざまな点で対照的ですが、どちらも低登録の傾向を示したのです。

この結果は、虐待などによる愛着障害が、神経学的なレベルの変化をもたらしてしまうことを示しているとも言えるでしょう。

二〇一五年、ニュージーランドで行われた三十五年にもわたる大規模なコホート研究の結果が報告され、関係者に衝撃が走りました。その結果は、子どものADHDと大人のADHDが別のものであることを示していたからです。

子どものADHDは、治療／無治療に関係なく、大部分が良くなっていたのです。それに対して、大人のADHDは、思春期以降に始まっていました。つまり、大人のADHDは、発達障害というよりも別の原因で起きていることになります。その後相次いで報告された別の二件のコホート研究も同様の結果を報告しています。

実は、大人のADHDは、子どものADHDと感覚プロファイルが異なり、感覚過敏とともに低登録が高い傾向が報告されているのですが、別のものだとするとその点も納得がいきます。

子どもの頃にそれほど不注意や多動がなかったのに、大人になってから不注意などの問題が起きているケースでは、気分障害や不安障害、ネットなどへの依存症とともに、見逃されていた軽度の自閉スペクトラム症、さらには、先に見たような虐待や心的外傷の影響などの可能性も考慮する必要があるでしょう。

二次障害と過敏性

発達に課題のある子どもは、虐待やイジメを受けやすいという悲しい現実があります。過敏な傾向に外傷体験が加わって、さらに過敏になるという悪循環も生じやすいのです。

特に自閉スペクトラム症の人では、過去の外傷体験がフラッシュバックしたり、パニックを起こしたりするケースもしばしばあります。

そうしたケースに対して、これまでは助けとなる手段が乏しかったのですが、近年では薬物療法とともに、トラウマケアの技術が進み、改善できるケースも増えています。

しかし、何と言ってもカギを握るのは、本人にとって安全基地となる、温かくて安心できる環境が確保されるかどうかであるように思えます。

第五章　愛着障害と心の傷

あなたは不安型か回避型か

本章では、不安定な愛着や心の傷といった心理社会的過敏性の要因となる問題について、さらに掘り下げてみたいと思います。

まず前半では、不安定な愛着を扱いますが、その前に、ご自身の愛着タイプについて、少し振り返ってもらいましょう。

48ページの過敏性チェックリストで求めた愛着不安（③）と回避傾向（⑦）のスコアから、あなたの愛着タイプが、愛着不安の強い不安型か、回避傾向の強い回避型かをおおよそ判定することができます。

まず、愛着不安と回避傾向のスコアのどちらが高いかを見てください。それで、どちらの傾向が強いかを把握します。

次に、愛着不安だけが高い場合（4以上）は「不安型」、回避傾向だけが高い場合（4以上）は「回避型」、両方とも高い場合は「恐れ・回避型」と判定されます。スコアが2か3という場合には、軽度ながらその傾向があるという判定です。どちらも0か1の場合は、「安定型」という判定になります。

より正確な判定については、拙著『愛着障害　子ども時代を引きずる人々』（光文社新書）の巻末にある「愛着スタイル診断テスト」をご参照ください。

他人の愛情や優しさを諦めた回避型

愛着する存在に助けを求めたとき、いつも守ってもらえる子どもは、その存在に対して絶対の安心感と信頼感をもつようになります。それが安定した愛着の基盤であり、最大の特徴でもあるのです。

ところが、助けを求めても放っておかれてばかりの子どもでは、助けを期待するだけ愚かだということになってしまいます。子どもは、やがて、助けを期待することをやめ、自分で何とかすることで生き延びていくしかないと学んでしまいます。子どもがそう考えたというよりも、体でそうした反応を身に付けてしまうのです。

その状況にいったん適応してしまうと、甘えようとすることや優しくしてもらうことを望まなくなり、むしろそうしたかかわりを煩わしいとさえ感じるようになります。べたべたした距離の近い関係や身体接触も苦手になります。

こうした親密な関係や心を通わす関係をもちたいと思わないクールな愛着の様式が「回避型」です。

このタイプの人では、情緒的な感情をできるだけ抱かないように抑圧しています。感情とか気持ちとかいうものを、何の役にも立たない、くだらないもののようにみなしがちです。そんなことに煩わされる暇があるのなら、もっと仕事や趣味や何かを達成することに時間を使った方がましだと思うのです。

このタイプの人は、人に頼ったり相談したり、自分の弱みを見せたりすることを好みません。結局人生は、自分でどうにかするしかないと思っているからです。ある意味、自立しているのですが、その〝自立〟がしばしばこのタイプの人を追い詰めてしまうのです。人に相談したり、助けを借りておけば、難なく克服できたかもしれないことでも、自分だけしか頼れないために、行き詰まってしまうことにもなりやすいのです。

このタイプの人は、躓《つまず》き始める直前まで、何の問題もないかのように過ごしているのですが、ある日突然、学校や会社に行けなくなったりするのです。

大騒ぎして愛情を取り戻そうとする不安型

同じようにかまってもらえない状況に置かれた場合でも、もともと愛された経験があるような場合には、まったく違う反応を起こします。かつて享受した愛情が諦められず、それを取り戻そうと、あの手この手を使って大騒ぎをするのです。しがみつくかと思えば、逆に相手を拒否したり、攻撃したり、困らせたりするのです。それもすべては愛されないことへの抗議であり、愛情をもう一度取り戻そうとする必死の試みなのです。

こうした、過剰なまでに愛着対象にこだわり続け、愛情や関心を得ようとするタイプが「不安型」です。不安型は、自分が愛されていないのではないか、見捨てられてしまうのではないかという愛着不安が強いのです。

愛着不安が強いと、相手に自分が受け入れられているか過剰に気にしてしまい、相手に認めてもらえていないと感じると、傷ついたり不安になったりします。承認や安心を得ようと愛着行動が過剰に起きてしまうのです。

幸福度と一番関連が強い愛着不安

過敏性のさまざまな要素と幸福度との関連を調べた中で、もっとも強い結びつきが認められたのが、この愛着不安でした。愛着不安が強い人は、幸福度が低くなる傾向がかなり強く認められたのです。相関係数は－０・６１でした。

一方、愛着を回避する回避傾向と幸福度の相関は－０・３３と比較的マイルドなものでした。求めることを諦めることで、ある意味不幸にならずに済んでいる面があると言えるかもしれません。

愛着不安の強い人の特徴としては、過剰に人に頼ろうとしたり、人に気に入られようとするため、相手の顔色に敏感で、少しでも自分が悪く思われていると感じると見捨てられたように思ったり、自分の存在価値がなくなったように感じたり、ときには強い怒りを感じて、相手を責めたりするということです。

こうした特徴が認められる人ほど、自分があまり幸福でないと感じているという傾向が、過敏性に関係するすべての因子の中でもっとも強く認められたのです。このことは、人の幸福は感覚的な快不快以上に、人から受け入れられているか、認められているかという心理的な安心感と、より強く結びついていることを示していると思われます。

社会的な生き物であるがゆえに

個人主義の時代になり、個性の発揮や自己実現といった自分のために生きることに重きが置かれるようになったとはいえ、人間は社会的な生き物であることに変わりはないのです。

個性の発揮や自己実現が喜びになるのも、そのことを賞賛してくれたり、一緒に喜んでくれたりする存在がいればこそと言えるかもしれません。

誰一人、自分のことを心から心配してくれる人も、成功を喜んでくれる人もいないとしたら、頑張って高い目標を成し遂げたり、成功を手に入れたりしても虚《むな》しい所業となってしまうことでしょう。

それゆえ自分の後ろ盾となり安心感や喜びの源泉となってくれる存在を求めるわけですが、その欲求があまりに強すぎても、幸福になるよりも不幸になってしまうということです。

愛着は自律神経系の働きに密接に結びつく

愛着という現象は、単に心理的な現象というよりも、生物学的、生理的な現象です。愛着している存在のそばに寄ったり、愛着の対象と顔を合わせたりすることは、それだけで自律神経系の働きを変化させる力をもつのです。

たとえば、小さな子どもに測定器をつけておいて、母親がいなくなると、子どもの心拍数は急上昇し、母親から離れるというストレスによって交感神経が過剰に興奮していることが示されます。母親との愛着が安定している子どもの場合、母親が再び現れると心拍数は急激に下降し、すぐに落ち着きます。

ところが、母親との愛着が不安定な子どもでは、心拍数はなかなか落ち着かず、下がるどころか、逆に跳ね上がることさえあります。

母親が安心感を与えてくれる安全基地としてうまく機能していない場合には、母親が、まるで別のストレス源のように作用してしまうのです。

「無秩序型」と呼ばれる虐待を受けている子どもに典型的に認められる愛着タイプを示す場合では、母親といるときも、交感神経が過剰に興奮した状態が続いていました。いつ何時、どんな攻撃が来るかもしれず、絶えず警戒した状態が続いているということでしょう。

愛着の不思議さの一つは、その現象が相互的なものだということですが、自律神経系の働きにおいても、そうした相互的な現象を観察することができます。

愛着が安定している関係では、母と子が再会すると、子どもの心拍数は下降し、落ち着きますが、このとき母親の心拍数にも同じような変化がみられるのです。不思議なことに、それ以外の場面でも、愛着が安定している母と子では、心拍数の動きが同じような変化を示すのです。それは、お互いが情緒的に絶えず交流し合っているということの表れでもあるでしょう。

一方、愛着が不安定な母と子では、こうした自律神経系の同期も弱いのです。母と子は異なる情緒状態にあり、自律神経系の働きから見ても、チューニングがうまくいっていないと言えるでしょう。

愛着が安定した関係というのは、調律がぴったり合った楽器でアンサンブルを奏でている状態にたとえられますが、愛着が不安定な関係というのは、お互い調律がズレた楽器で、別々の音楽を鳴らしているようなものなのです。

どちらにとっても違和感がありますが、より悲劇的なのは、それをどうすることもできない子どもの方でしょう。年端のいかない子どもにとって、親の側が調子を合わせる努力をするしか、この不幸なズレを修正する手立てはないのですが、母親の方は、自分がズレた反応をしていることにもなかなか気づけないのです。

いずれにしろ、そうした違和感を抱えながら子ども時代を過ごすことは、安心感という点でも自律神経系への影響という点でも、マイナスに働いてしまうことは容易に想像がつきます。

概して言えることは、そうした状況で育った子どもは将来、自律神経系の過剰な興奮をうまく抑えることができず、ストレスに対して脆弱性《ぜいじゃくせい》を抱えやすいということです。

それは過敏性を生み、身体的な症状となって表れることになります。

愛着スタイルによって異なるストレス耐性

愛着が安定した人では、ストレスを受ける場面でも自律神経系が過剰に反応することなく、かつ、ストレスが去ると素早く元の状態に戻る傾向があります。

しかも、安全基地となってくれる人がいるので、その人から慰めを得ることで、強いストレスに対しても耐性が高く、自律神経系が破綻をきたすところまで行きにくいのです。

逆に不安定な愛着スタイルの人、たとえば不安型愛着スタイルの人では、ストレスを受ける場面で情緒的な反応が過剰に起きやすく、当然、自律神経系の反応もエスカレートしやすいと言えます。愛着した存在との関係も両価的なものになりやすく、依存している一方で不満や怒りを感じていて、本来であれば家族やパートナーのことを考えると心が安らぐはずなのに、逆に高ぶったり、かき乱されたりしやすいのです。不安型の人は、ストレスホルモンの上昇が長く続き、ストレスが尾を引きやすいのです。

ただ、このタイプの人には、メリットもあります。過剰なまでに人に頼ったり、相談したり、助けを求めたりすることで周囲は振り回されますが、とりあえず目先の支えを得やすいですし、感情をぶつけたり吐き出したりすることで、ある程度ストレスを減らし、自律神経系の高ぶりを和らげることになるのです。

一方、回避型愛着スタイルの人では、ストレスを受ける場面でも一見冷静で、自律神経系の反応も不安型のように過剰反応することはありません。このタイプの人は、情緒的に深くかかわることを避け、表面的な対応にとどめることで、情緒的に巻き込まれることからも、自律神経系が過剰反応することからも免れる術《すべ》をある程度身に付けているようです。

ところが、このタイプの人も、ストレスホルモンである血中のコーチゾルを測ってみると値が上昇していて、ストレスを感じていることがわかるのです。さらに自分が前面に出て、かかわらざるを得ない立場になると、自律神経系は過剰反応を示すようになります。

たとえば、意見が食い違ったような場面で話し合いをする場合、愛着が安定した人では、自律神経系への影響はあまりないのですが、回避型の人では不安型ほどではないものの、自律神経系の過剰な緊張がみられるのです。

つまり、一見物事に動じないように見える回避型の人も、本当の意味でストレスに強いわけではなく、表面的な関与しかしないスタンスをとることで身を守っているのです。

しかし、自分が身を挺《てい》して関与せざるを得ない状況になると、回避的な防衛戦略はもはや通用せず、たちまちストレスに弱い面を露呈すると考えられます。

不安定な愛着は高血圧とも関連

高血圧症の95％を占めると言われているのは、ストレスなどと関連が深い本態性高血圧です。遺伝要因で説明できる割合を示す遺伝率は約30％と、それほど高くなく、環境要因の関与が大きいことが知られています。

先にも触れたように、不安定な愛着、ことに愛着不安の強い不安型愛着の人ではストレスに過剰に反応しやすく、血中のコーチゾルの濃度がもともと高いのですが、ストレスに反応して、さらに高くなりやすいのです。

コーチゾルはステロイド（副腎皮質ホルモン）で、長く投与されると、高血圧や糖尿病、脂質異常症を引き起こす原因となることが知られています。不安型愛着の人では、あたかもステロイドを長期間服用しているのと同じようなことが起きてしまいやすいのです。

ことに愛着不安が高い不安型（とらわれ型）と呼ばれるタイプの人では、高血圧症にかかるリスクが高くなるという研究結果が出ています。

愛着は、もともと子どもの安全や生命を守るために進化した仕組みですが、われわれ大人の健康と生命を守ってくれる土台ともなっているのです。というのも、愛着を支えているオキシトシンというホルモンには、抗ストレス作用や抗不安作用があるからです。不安定な愛着は、そうした防御機構を弱らせてしまうのです。

ストレスが関係するとされる身体疾患においても、不安定な愛着は罹患リスクを高めると考えられています。たとえば、糖尿病の人では、不安定な愛着の人は七割に上り、潰瘍性大腸炎でも74％を占めたと報告されています。一般人口に占める不安定な愛着の人の割合は、三分の一程度だということを考えると、愛着が不安定な人では、それらの疾患に罹患するリスクが2倍以上に上昇していると考えられます。

実際、愛着が不安定な人では、ストレス性の身体疾患や精神疾患のリスクが上がり、健康が脅かされやすい傾向があるのです。

愛着不安と心配性

不安とは何でしょうか。ある哲学者は、不安とは、原罪を背負って生まれてきたことに由来していると主張しました。人間は罪深い存在だと幼い頃から教えられて育てば、そういう結論になるかもしれません。

筆者の臨床的な経験から言うと、不安の根源は、幼い子どもが母親から離れるときに感じる分離不安に由来していると思います。それは、愛着不安と言い換えることもできます。

愛着するがゆえに、愛着した存在から離れることに不安を感じるのです。そして、この不安が、子どもを危険から守ってくれています。つまり、愛着不安は必要なものであり、ほどよく働く限りでは大きなメリットをもたらすのです。

ところが、母親が忙しかったり気まぐれだったりして、安心感が安定して与えられずに育つと、過剰に不安を感じ、必要以上に安心を求めようとしてしまいます。こうした不安型の人では、過剰な愛着行動や関心を惹く行為が特徴的だと言えます。

不安の根源は愛着不安だということは、言い換えれば、母親がどこかに行ってしまうのではないかと、いつも怯えていたということです。いつ見放されるか、置いてきぼりを食らうかわからないという状況で、子どもは一つの防衛戦略を編み出します。それは、最悪の事態を考えるということです。そうしておけば、それ以上ひどいことは起きないわけで、実際には、母親が何事もなかったように迎えに来てくれて、ハッピーエンドで終わることができるわけです。

こうした子どもは、悪い方の可能性ばかり考えることを身に付けます。そうすることで、悪いことが起きたときに備えて免疫をつけておくことができるのです。悪いことばかり考えるネガティブな思考パターンや心配性の性癖が、こうして育まれていくのです。

両価型愛着にみられる依存と攻撃

愛着不安が強い愛着スタイルは、大人では「不安型」とか「とらわれ型」と呼ばれますが、幼児では「抵抗／両価型」と呼ばれるものに相当します。抵抗／両価型とは、自分を置いていなくなった母親が戻ってきたとき、子どもが母親に素直に甘えるのではなく、拒否したり、怒りをぶつけたり、だっこされるのに抵抗したりすることからつけられた名称です。

両価型愛着は、素直に甘えられず、本音とは裏腹に拒否したり攻撃してしまう、天邪鬼《あまのじゃく》な反応を特徴とするのです。一番依存し、愛情を求めている相手に対してわざと拒んだり、傷つけたり、困らせたりするわけです。

愛着不安の強い人では、こうした両価型愛着パターンが、大人になっても色濃く残っていることが多いのです。一番頼っている相手が思い通りにならないと、責め立てたり、ぼろくそに貶《けな》してしまいやすいのです。

しかし、そうした反応パターンは、もっと愛してほしいという本来の意図とは裏腹に、関係を破壊していきます。

両価型の愛着パターンは、全か無かの二分法的な認知とも結びつきやすく、本当はそこまで悪く思っていなかったのに、相手を全否定するような言い方をしてしまい、関係が修復困難になってしまうことも多いのです。

愛着不安が強い人は、突然の事態が苦手

四十八人の女性を対象に、突然ノイズ音を聞かせたときの血中コーチゾルの上昇を調べた研究によると、愛着不安が強い女性ほど、コーチゾルの上昇が大きいという傾向が認められました。このことは愛着不安が強い人ほど、感覚過敏な傾向とともに、想定外の出来事をストレスに感じやすいことを示していると考えられます。

自閉スペクトラム症の特性として、感覚過敏や、想定外の出来事が苦手で、混乱しやすいことが知られていますが、愛着不安というまったく別の要因によっても、想定外の突発事や自分

でコントロールできない事態が苦手になり、強いストレスを感じるのです。

このことは、普段の生活においても、意外に重要な意味をもちます。愛着不安が強い人とうまくやっていこうと思えば、予定をあらかじめ伝えるようにすることがポイントになるからです。夕食を用意して待っていたのに、会議が長引いて遅くなるといった直前の予定変更があると、こちらが思う以上にストレスになってしまうのです。不意を食らわせないように、まめに連絡をとって心構えをさせてあげることが、このタイプの人にとってはとても大切な心遣いなのです。

このタイプの人をサプライズのプレゼントで喜ばせようとするのは、あまり得策ではないかもしれません。サプライズだと、よけいに驚いて感動してくれると思うのは、こちらの勝手な思い込みに終わるでしょう。このタイプの人を喜ばせるなら、不意打ちよりも、プレゼントの中身まであらかじめ相談して、本当に本人が納得できるものを事前に選んでもらった上で贈った方が、心から満足してもらえる可能性が高いでしょう。

Dさんは、恋愛結婚でK子さんと結ばれましたが、ここ数年、夫婦の関係はぎくしゃくする一方でした。K子さんには心配性なところがあり、何か言うと過剰反応するので、Dさんは困ったことがあっても、何も言わないようになっていました。しかし、たまったストレスを、D

さんはネットカジノで晴らすようになってしまいました。それが発覚して、K子さんはDさんに対してよけい疑心暗鬼になり、Dさんは、何か言うと、K子さんに根掘り葉掘り詰問されるので、いっそう何も言わなくなってしまったのです。

愛着スタイルで言うと、Dさんは典型的な回避型、K子さんは典型的な不安型でした。しかし、このままでは関係が終わってしまうと危機感を抱いたDさんは、カウンセリングを受けるようになりました。その中で筆者がDさんに心がけてもらったのが、帰宅する前に、必ずメールでK子さんに一言連絡するということでした。些細なことでしたが、二人の関係はぐんと良くなりました。K子さんは、いつ帰ってくるかもしれないDさんを待つことだけでも強いストレスを感じていたのです。見通しがはっきりしたことで、段取りをつけやすくなっただけでなく、そうした配慮を続けてくれる夫に対して徐々に信頼を取り戻していったのです。

過敏性と右脳の過剰反応

近年の研究で注目されているのは、愛着の安定性によって、前頭前野（前頭葉の中でも、一番前側に位置する領域）の左右の活動に違いがみられるということです。そもそもそうした現象が最初に報告されたのは一九八九年のことで、満一歳の幼児の脳波を調べたところ、右前頭前野が活発に働いている子どもの方が、左前頭前野が活発な子どもより、母親と離れるときに激しく泣くという傾向が認められたのです。

母子分離に際しての激しい反応は、両価型（大人の不安型に相当）の子どもの特徴ですので、この結果は、両価型の子どもでは、右前頭前野の活動が過剰な傾向がみられるということになります。

その後の多くの研究により、この発見は検証され、確かな事実であることが裏付けられました。さらにわかってきたことは、不安定な愛着、中でも愛着不安が強いタイプの人では、右前頭前野の活動が亢進しているということです。それに対して、回避型の子どもや大人では、左前頭前野の活動が活発なのです。

左前頭前野は、理性的な制御にかかわっているので、情動的な反応を抑えようとしている結果だと解されました。

もっとわかりやすく言えば、母親と離れ離れになるような悲しい場面に遭遇したとき、愛着不安が強い両価型の子どもや不安型の大人では、激しく泣いて後を追おうとするといった過剰な情動反応が引き起こされ、それが右前頭前野の過活動という生理学的な反応として、脳波の変化となって観察できるということです。

一方、回避型の子どもや大人では、悲しさや泣き叫ぶといった情動的反応を抑えようとし、理性の中枢である左前頭前野の活動が顕著に高まるということなのです。

つまり、右前頭前野の活動が亢進していることは、感情の渦に飲み込まれやすく、過剰反応しやすいことを示していると言えます。両価型や不安型の人では、ストレス、ことに愛着を脅かすストレスに対して過剰に反応し、情動的混乱をきたしやすいのです。

それに対して、左前頭前野の活動が亢進した人では、気持ちを抑え込み、感情の渦から距離を取ることで、情緒的混乱に陥ることを防いでいるのです。

愛着スタイルと脳の働き方

では、安定型の子どもや大人では、どういう反応を示すのでしょうか。実は、右前頭前野と左前頭前野の活動に、それほど顕著な偏りはないものの、左前頭前野の方の活動が高まるという傾向を示したのです。

情緒的な反応を完全に抑え込むわけではなく、かといって、感情の渦に飲み込まれることもなく、ある程度悲しみやつらさを感じるものの、それが過剰にはならないように、理性の力で適度に抑えているというバランスの良さが特徴なのです。

第三者的に見ると、回避型の人は一番クールで、ストレスや悲しみに対して抵抗力があると思われるでしょう。ところが、血中のストレスホルモンの増加といった生理学的な反応を調べると、実は安定型よりも回避型の方が、体はストレスを感じていることがわかります。本人がそれを無視して気づかないふりをしているだけなのです。

回避型の人に心身症やパニック障害が多いのは、クールに見えて、本当は過敏なところを抱えているのを、必死に抑え込んでいるということなのです。

そうした防衛メカニズムは、次のような実験によっても裏付けられました。健康な母親をもつ子どもと、母親がうつにかかっている子どもで、母親が部屋から出ていこうと、ドアのところまで行ったときの脳波の反応を比べたのです。

すると、母親が健康な子どもの方は、右前頭前野の活動が活発になり、情動的な反応が高まっていることを示したのに対して、うつの母親をもつ子どもでは、左前頭前野の働きが高まっていたのです。うつの母親をもつ子どもも、同じように別れの悲しみを感じているのに、それをけなげにも抑え込もうとしていると解することができます。

九か月の乳児を対象にした研究によると、多動で、悲しみや怒りといったネガティブな感情を激しく示す子ほど、右前頭前野の活動が亢進しやすい傾向がみられました。左前頭前野によるブレーキが弱いと理解できるでしょう。そのため感情にも行動にもブレーキが利きにくいのです。

そうした傾向をもつ子どもは、見知らぬ場所を探索することにも、見知らぬ大人に近づくことにも消極的で、母親にしがみついている時間が長かったのです。

他の研究からもわかってきたのは、右前頭前野の活動の亢進は、ネガティブな感情にとらわれやすい傾向や、外界や他人を怖がり、安全基地となる存在にしがみつこうとする傾向と結びついているということです。

それは、両価型や不安型の人にみられる、依存と攻撃（怒りや不満）という両価的なアンバランスさに他ならないと言えるでしょう。

心の傷の存在を示すサイン

愛着不安とともに、心理社会的過敏性を生む要因となり、生きづらさや幸福度を左右しているのが心の傷です。

トラウマ的体験をすると、人は傷つきやすくなり、その傾向をしばらく引きずります。トラウマに関係した場面や人物、出来事に対して過敏になるのはもちろんですが、それ以外の無関係なことにも過敏になり、些細な言葉に傷ついたり、うまくいかないことがあると落ち込んだりしやすくなります。

また神経が過敏になるため、過覚醒状態になって眠りが浅くなり、物音や気配に敏感になるということもみられます。

もう一つ、しばしばみられる特徴的な症状として、傷つけられた場面が不意によみがえってきて、他のことをしているときにも頭の中に侵入してくるという現象があります。この症状をフラッシュバックとか侵入症状と呼びます。フラッシュバックが起きると、まったく別の時空にスリップしてしまったように、その不快な体験の瞬間に引きずり戻されてしまうのです。

同時に、その瞬間の恐怖や悲しみや怒りや恥ずかしさが、まざまざとよみがえり、一歩も前に進めていないような挫折感を味わうことも多くあります。

夢の中で、そうした場面を繰り返し見るという場合もあります。悪夢となって何度も繰り返されるという場合には、トラウマとなっていると考えられます。

ただ、夢の中に出てくるのは、まだ健全だとも言えます。夢は心の浄化装置として働いています。浄化しきれずに、悪夢になってしまうのですが、それでも、何度も繰り返し悪夢を見ることで、その体験を乗り越えようとしているのです。自分の無意識も戦っているのだと、その働きを前向きにとらえることが大切です。

さらにもう一つの特徴は、トラウマと関係する場所や人物、物、連想される事柄などを、意識的、無意識的に避けようとすることです。それを回避と呼びます。

事故で旦那さんを亡《な》くした女性は、事故から十年以上たつのに、テレビでニュースが見られませんでした。直接関係ないとわかっていても、事故のニュースが流れてくるのが怖くて、ニュースが始まると、慌てて他の番組に替えてしまうか、テレビを消してしまうのです。

ある若者は、すっかり元気になっているのに、なかなか就職に踏み出せませんでした。実は数年前に面接を受けたとき、担当者から意地悪な質問をされ、ひどく傷ついてトラウマになっていたのです。以来、面接を受けることがどうしてもできずにいたのです。トラウマに手当てをして、ようやく就職に向けて動くことができました。

不登校になっている子どもたちには、しばしば学校恐怖症とも言える学校に対するトラウマが認められます。他の面ですっかり元気になっているのに、学校に行くという段になると、どうしても足が止まってしまうのです。

改善のためには、トラウマに対する手当てが必要になります。ケースによっては、学校ではなかなか苦労したのに、仕事に就くと生き生きと活躍できるという場合もあります。トラウマになっているものにこだわらず、他の可能性を広げた方が賢明な場合もあります。

以上に挙げた、過覚醒や神経の過敏さ、全般的な傷つきやすさに加えて、フラッシュバックや回避症状がみられる場合には、ＰＴＳＤ（心的外傷後ストレス障害）が疑われます。しかし、すべての症状ではなく一部の症状がある場合にも、程度の差はあれ、心の傷の存在が推測されます。

愛着の傷はトラウマに匹敵

精神医学の知識が少しおありの方は、トラウマというとPTSDが思い浮かぶと思いますが、PTSDは激しい暴力や悲惨な事故、大きな災害、戦争といった自分の生命が脅かされるレベルの非日常的な出来事によって生じるトラウマによる障害です。

しかし、もっと日常的なレベルの出来事によっても、トラウマが生じ、長くその人の生き方や生活に支障や制約をきたすことも少なくありません。

その代表が、親からの虐待や否定的言動、親の離婚、配偶者やわが子との離別、家族との死別、中絶、失恋などです。これらは、直接自分の命にかかわるわけではありませんが、ときには命にかかわる出来事以上の影響を長く及ぼしてしまうこともあります。なぜでしょうか。それは、これらの出来事が愛着を脅かし、破壊するものだからです。

特に子どもにとって、親との愛着は、生存の土台と言ってもいいでしょう。親との愛着が脅かされ、傷つけられることは、命が脅かされるのに勝《まさ》るとも劣らない負の影響を生んでしまうのです。

虐待されて愛着障害を起こしている子どもでは、成長が止まってしまい、免疫力も低下しています。ストレスホルモンや自律神経の反応を調べると、別段ストレスがない平常状態でも亢進している上に、ストレスが加わると、さらにそれが過剰に反応してしまいます。

幼い体や心に、そうした負荷がかかり続けるのです。それが、どれほど深刻な問題かは想像するに余りあります。

未解決型の愛着とは

身体的なレベルでの安全を脅かす体験には、ＰＴＳＤという立派な診断名があるのに、心の安定の土台というべき愛着を脅かす体験に対して、ちゃんとした診断名さえないというのが精神医学の現状だったのですが、近年は、ＰＴＳＤの適用範囲が少し広げられるとともに、愛着障害として理解されることも増えてきています。

ただし、愛着障害を診断名に用いることは依然稀《まれ》な上に、大人に適用されることは、さらに稀なのですが、何が起きているのかという病態を理解するために、「愛着障害」を使うことが多くなっています。

愛着障害は、もともと虐待されたり、親から見捨てられた幼い子どもの反応に用いられる言葉でした。実際には、大人になってもその傷跡を引きずり続けていることが多いのですが、大人の場合、そうした状態に対して用いられるのが、「未解決型愛着スタイル」という言葉です。障害とか病気といった扱いではなく、愛着の様式の一つと考えるわけです。

未解決型愛着スタイルを抱えていると、さまざまな精神疾患や身体疾患にかかりやすいのですが、傷を抱えながらも見かけ上問題なく社会で生活している方も大勢います。ただ、未解決型の特徴として、愛着の傷にかかわる部分に話が及ぶだけで、平静さを保つことができなくなって、急に動揺したり、不安定な一面をのぞかせたりするのです。心にクレバス（深い裂け目）を抱えている状態だと言えるでしょう。

未解決の傷口が開くとき

未解決型愛着スタイルの人では、親密な関係になると、隠れていたクレバスが姿を現し、別の一面を見せやすいと言えます。付き合い始めるまでは仕事も有能にこなし、頼りがいがあり、いつも安定しているように見えていた人が、交際を始めたとたん、急に不安定になり、夜中まで電話やメールの相手をしなければならなくなったり、どんどん依存してきたり、かと思うと、急に拒否されたり、目の前からいなくなったりといった目くらましを食らうこともあります。離れないと言ったり、別れると言ったり、いったいどっちが本心なのかわからず、混乱と迷走に陥ってしまいます。

不安型の人でも、求めながら、責めたり拒否したりということはありますが、そこに未解決型が加わると、愛されたいのか、愛されたくないのか、一緒にいたいのか、離れたいのか、というもっと根本の部分さえ、どっちかわからなくなってしまうのです。いったいどうしたいのかと本人に聞いてみても無駄でしょう。自分でも、どうしたいのかわかりませんし、そうなってしまうのをどうすることもできないのですから。

何が起きているのかわからず、疲れ果てて、お互い愛想をつかして喧嘩《けんか》別れになることも多いのですが、中には別れるに別れられず、一緒になるケースもあります。

ゴールインすれば安定するかと思えば、新婚ほやほやの時期がすぎて、愛の言葉や関係が減ると、またかつての不安定さがぶり返すことも珍しくありません。結局、未解決な愛着の傷自体はふさがっていないので、愛情の実感が薄れてくるにつれ、また誰も信じられなくなり、自分を見捨てた親のように、パートナーも自分を見捨てるのだと思い始めるのです。そうなると、生きることが虚しく感じられて、すべてが無意味に思えてしまうのです。

親密な関係になったり、それにヒビが入ったりすることが、もっとも強いトリガー（引き金）なのですが、それ以外の通常のストレスも、引き金を引いてしまう場合があります。未解決な心の傷が開くと、普段の明るさや落ち着きが急に失われ、混乱したり、泣き出したり、感情的になったりして、冷静な対処が困難になってしまいます。

このタイプの人は、自分の身に起きた苦しい出来事を、自分をいじめている、ケチをつけてくると感じ、自分だけがつらい仕打ちを受けているように受け止めてしまいやすい面ももっています。

つまり、単なる仕事上の指摘や指示を、愛着関係で傷つけられた状況と重ねてしまうのです。

その結果、上司から言われた単なる注意や指示さえも、その人の安定を根底から崩壊させてしまうような深刻な受け止め方をしてしまうのです。仕事が増えて疲れているだけなのに、自分が無能で愛されない存在なので、こういう仕打ちを受けているのだと余分な解釈をしてしまうのです。その結果、同じ事態がもっとつらく感じられてしまうのです。

筆者が行った調査でも、心の傷と愛着不安を合わせた心理社会的過敏性と、妄想傾向とは強い相関を示し、相関係数は0・67に上りました。愛着不安や心の傷を抱えた人では、妄想的に事態を受け止めやすいと言えます。

未解決型の人では、人生自体もどこに向かっているかわからず、迷走していることがしばしばです。外での生活は何とか取り繕って、あまり問題がないように見えますが、一歩その人の生活に踏み込むと、無秩序に混乱をきたしていることも多く、また傷や虚無感を紛らわすために、依存的な行動にふけっていることも多いと言えます。アルコールやスマホ、買い物や食べること、性的行為やギャンブルへの依存がよくみられるものです。

そこから脱するためには、未解決な課題と向き合い、それによって人生が蝕《むしば》まれ続けないように、きちんと手当てをすることです。そのためには、まず問題の自覚と、人生を変えていこうという決意が大切です。

第六章　過敏性が体に表れる

過敏さが体に影響した夏目漱石

過敏性がある限界を超えてくると、単なる緊張とか精神的な不安というレベルを超えて、身体的な病気や精神的な異変を生み始めます。健常な反応の域を超え、病理的な現象に移行し始めるのです。

大きく分けて、体の症状となって表れやすい人と、精神的な異変をきたしやすい人がいるようです。もちろん、両方くる場合もあります。

先にも触れましたが、夏目漱石は、『坊っちゃん』や『吾輩は猫である』の洒脱《しゃだつ》なユーモアとは裏腹に、神経過敏で気難しい人物でした。長年胃潰瘍に苦しめられ、一度目の大吐血ではかろうじて助かりましたが、二度目の大吐血で、ついに帰らぬ人となりました。

彼はロンドン留学中に、幻覚妄想に苦しめられ、留学先で彼の様子に驚いた人は、「夏目狂せり」と電報を打ったほどでした。帰国後も、しばらくは被害妄想がとれず、まったく理不尽な理由で、子どもを怒鳴りつけたりしていました。自分をこけにしていると思い込んでしまうところがあったのです。

漱石の妄想傾向が落ち着いたのは、胃潰瘍が持病となり、体の方が病み始めてからで、精神の病気が体の病気に入れ替わったとも言えます。

実際、体の病気にかかることで、精神的な症状が改善して正気を取り戻すというケースも多いのです。

体が弱い方が、体の病気を理由に無理をしなくてよくなり、精神的な安定を守ることにつながるのかもしれません。その意味で、ストレスが体の病気になる身体化という現象は、注意サインであると同時に、最悪の事態を避けるための防衛策だとも考えられます。

ただ、先の章で述べたように、全体で見ると、身体化しやすい傾向と、妄想的になりやすい傾向は、正の相関を示し、相関係数は０・５５と、そこそこ高いものでした。過敏な人では、どちらも抱えやすい無情な現実があるようです。

この章では、過敏性に伴って起きる病理現象の中でも、子どもから大人まで身近な問題である身体化について理解を深めたいと思います。

ストレスが身体化するとき

感覚の過敏性は、脳のレベルの問題です。ところが、過敏な状態になっているのに、さらにストレスや負荷がかかると、体の方にまで異変が広がり始めます。それは、体の調節をしている自律神経の働きがおかしくなってしまうためです。

こうして中枢神経レベルの過敏性が、身体症状に化け始めるのです。これを身体化と呼んでいるわけです。

身体化にも大きく二つあり、実際に体が病気になってしまうものが「心身症」です。胃潰瘍や高血圧、糖尿病、過敏性腸症候群、メニエール病といった病気が起きてしまうのです。それに対して症状はあるけれど、いくら検査しても別に病気らしい病気が見つからないというものが「身体表現性障害」や「疼痛性《とうつうせい》障害」です。注意しなければならないのは、これは決して「仮病」ではないということです。本当につらい症状が起きていて、苦しさは、実際の病気に何ら劣らないのです。

頭痛やめまい、腹痛や下痢が生じる

身体化によって表れる症状としては、頭痛やめまい、腹痛、下痢、吐き気、頻尿などが頻度の高いものです。中でも子どもにも大人にも多いものの一つが腹痛や下痢に襲われるもので、

「過敏性腸症候群」と呼ばれています。

過敏性腸症候群では、突然襲ってくる腹痛や下痢とともに、便秘をしたり、おなかにガスがたまったり、下痢と便秘を繰り返したりすることも多くあります。

過敏性腸症候群を抱えている人にとって、通勤や通学、会議や授業、出張や顧客との面談、単なる散歩や買い物でさえも、絶えず気が抜けない綱渡りのようなものです。途中で抜け出しにくい場面は、それだけでストレスです。

いつ何時便意が襲ってくるか、おなかが痛み出しはしないかと、ひやひやしながら暮らしていることも多いのです。知らない場所に出かけるときに、まず確認するのはトイレの場所です。トイレがすぐに使えないような場所に行くことは、どうしても避けたくなってしまいます。

こうした腸の過敏性は、どうして生まれるのでしょうか。

遺伝要因は意外に低い

ノルウェーで行われた一二七〇〇組の双生児を対象とした調査によると、一卵性双生児における過敏性腸症候群の一致率（どちらも過敏性腸症候群であるペアの割合）は22・4%だったのに対して、二卵性での一致率は9・1%でした。この研究結果から算出された遺伝率（遺伝子レベルの要因が、発症に寄与する割合）は、性別、年齢層に関係なく、およそ25%でした。

遺伝率としては、意外に低いものだと言えます。つまり、それだけ環境要因が大きいのです。たとえば、肥満度を示すBMIは、遺伝率が78％と報告されています。八割近く遺伝子によって決められていることになります。ダイエットをしても、すぐ元に戻ってしまうのも宜《むべ》なるかなです。ご自分の遺伝子に逆らおうとしているのですから。

それと比べると、過敏性腸症候群の遺伝要因の低さがご理解いただけるでしょうし、克服することも、それほど困難なことではないのです。

ただ、先ほどのノルウェーの研究からわかったもう一つの事実は、生まれたときの体重が低かった人では、過敏性腸症候群になりやすいということです。2500グラム未満の未熟児で生まれると、徐々にリスクが上がり、1500グラム未満となると、その傾向が2・4倍になり、発症の時期も、低体重ではなかった人が発症した場合よりも八年近く早まるということです。

低体重で生まれると、過敏な傾向を示しやすいことが知られています。晩婚化による高齢での出産は、低体重で生まれるリスクが高まることがわかっています。そうした意味でも、過敏な人が増えやすい状況は、ますます加速するかもしれません。

幼い頃の環境も原因となる

過敏性腸症候群の人では、体の感覚や痛みの知覚が亢進している傾向がみられ、しかも、心理的、社会的ストレスによって、それが強まりやすいという特徴が認められます。休みの日はおなかが痛くならないのに、学校や仕事に出かけようとすると痛み始めてしまうのです。

あらゆるストレスや不安が症状を悪化させる要因となりますが、とりわけ影響が大きいのは、予期しないストレスに襲われたときです。過敏性腸症候群では、ストレスホルモンの分泌が亢進しており、また慢性的な過敏性の亢進がみられます。

では、そもそもなぜそのように過敏性が亢進した状態が生じてしまったのでしょうか。一つ言われているのは、幼い頃に受けた心の傷との関連です。

その根拠の一つは、虐待されて育った人には、高率で過敏性腸症候群が認められることです。動物実験で、母親から短時間離す、電気ショックを与える、強い匂いをかがせるといった不快な刺激を加えると、身体的な過敏性が高まり、腸管の機能に異変が生じやすくなることが示されています。その場合、予期できるショックよりも、予期できないショックほど負の影響が強く、過敏性が亢進しやすくなったのです。

ストレスを上手に吐き出せない人

身体化しやすい人にも、大きく二つのタイプがあります。一つは、とても我慢強く、決して弱音を吐かないようなタイプの人です。あまり自分の気持ちを言わず、つらいことや苦しいことも押し殺して表に出しません。こうした傾向は回避型の人にみられやすく、本人自身も、ストレスや苦しさを自覚していないことも多いのです。しかし、体はもっと正直です。限界を超えたとき、体の方が先に悲鳴を上げてしまうのです。

Nさんは、婦人科病院の受付で働いている二十代後半の女性です。胃が痛むようになり、内科でお薬をもらいましたが、いっこうに良くなりません。検査をしても、軽い胃炎ですねと言われるだけです。

最初のうちは、仕事が終わった頃に痛み出すことが多かったのですが、最近は仕事中にも痛み出します。医者からそのときの状況を尋ねられて、ようやくNさんは対応が難しい患者さんが続いたとき、胃痛に襲われやすいことに気が付きました。医者からいろいろ質問されるまで、Nさんは、胃痛と仕事のストレスに関係があることをまったく自覚していなかったのです。

Nさんは無口で、忍耐強いタイプの女性で、滅多に不満をこぼしたり本音を話すこともありません。たまる一方のストレスに、体の方が悲鳴を上げ始めていたのです。

身体化症状が出やすい人の共通項としてみられる一つの傾向は、低登録なこと、中でも注意の配分が悪いということです。つまり、自分が気にしていることに注意が集まりすぎて、それ以外のことに無頓着になってしまうということです。自分の気持ちに無頓着で、自分の感情を実感しにくい状態を失感情症（アレキシサイミア）と言いますが、そうした傾向があると、気持ちを話すといった方法でストレスを表現したり解消したりすることができず、体の症状という形となって表れやすいと言われています。

身体化しやすい傾向がみられる人では、自分の気持ちを言葉で表現するように心がけるとよいでしょう。

体調が悪い方が優しくしてもらえる

身体化しやすいもう一つのタイプは、まったく正反対な傾向を示します。少しでもストレスがかかると、敏感に体が反応し、ときには大げさすぎるほど激しい症状が出てしまうタイプで、かつて「ヒステリー」と呼ばれたものに近いと言えます。表現やパフォーマンスが過剰な、最近では「演技性」と呼ばれるタイプに相当します。

このタイプでは、体の症状としてストレスや葛藤を表現することで、周囲の関心や愛情を手に入れようとする力動が働いています。ある意味、身体化は、周囲から愛情や世話を手に入れるための手段なのです。体の調子が悪くなることで甘えることができ、心のバランスをとっているのです。

したがって、ストレスが体の症状として出るという場合にも、二つのタイプを見分ける必要があります。前者は心身症と呼ばれるものが中心で、後者は身体表現性障害と呼ばれるものが典型的です。

前者の場合の方が重篤になりやすく、内科的な治療も必要です。後者の場合は体の問題よりも心の問題が大きく、むしろ愛情や優しさや関心が薬よりも必要です。

身体化しやすい人は愛着不安が強い

「身体化」と感覚プロファイルの四項目や、過敏性プロファイルの他の七項目との関係をみてみると、もっとも強い相関を示したのは、感覚過敏でも、低登録でも、感覚回避でもなく、愛着不安でした（相関係数r＝０・５９）。このことは、先ほど述べた二つ目のタイプ、つまり体の症状としてストレスや不安を表現することで、支えや世話を獲得するタイプの人が、身体化しやすい人の中に一定割合を占めていることを反映しているでしょう。

身体化という手段を用いることで、愛情を手に入れるという反応パターンを、おそらくは小さな子どもの頃に身に付けたのかもしれません。

昔からよく言われることですが、下にきょうだいができると、上の子が喘息《ぜんそく》などの病気になりやすいというのは、実際しばしばあることです。それで慌てて上の子ばかり心配していると、小さい頃はしっかり者で我慢強かった下の子が、思春期を迎える頃から学校に行けなくなったり、問題を起こすようになったりするということもよくある話です。母親の愛情をめぐるきょうだい間の綱引きには熾烈《しれつ》なものがあり、自分が病気になってでも、それを手に入れたいと願ってしまうのでしょう。

近年注目される、喘息のストレス要因

気管支喘息はアレルギーによって起きる疾患ですが、昔から、心理的なストレスの関与が経験的に言われてきました。ところが、それが「非科学的な俗説だ」と否定された時代もありました。しかし近年、再びストレス要因が見直されています。

その背景として、社会が二極化し中間層が崩壊するとともに、社会経済的に恵まれない人たちが増える中で、苦しく恵まれない層で喘息の罹患率が高いという事実が報告されるようになったことも与っています。ことにアメリカでは社会の二極化が著しく、貧しい階層が広がっているのですが、その階層で、人口比からは説明できない高い割合で、喘息が増えているのです。

その要因を調べていく中で、トラウマ的な体験や強いストレスを受けたことのある子どもや大人に、喘息の罹患率が高いという事実が判明したのです。虐待を受けているということだけ

でなく、たとえば生後数か月の頃に、親の方が何らかの困難を抱えていたりすると、六〜八年後に喘息を発症するリスクが高くなったのです。もちろん、喫煙や大気汚染といった環境要因も影響しますが、それらの影響を取り除いても、トラウマ的なストレスが発症のリスクを高めていたのです。

両親の愛情をどう受け止めるかが、病気のなりやすさを左右

ハーバード大学の学生を対象に、両親の養育がどの程度愛情深いものだったかを答えてもらってから三十五年後、すでに五十代になった卒業生たちの健康状態を調べた研究があります。両親の養育を低く評価した人では、冠状動脈疾患（狭心症や心筋梗塞）、高血圧、十二指腸潰瘍、アルコール依存症にかかっている割合が有意に高かったのです。

両親のどちらにも低い評価をしていた人では、87％の人が何らかの病気にかかっていたのに対して、両親のどちらにも高い評価をしていた人では25％しか病気になっていませんでした。

このことは、子ども時代の親からの養育の質、より正確には親からの養育を、その子がどのように評価しているかが、その後の健康状態を大きく左右し、中年期に至っては、著しい健康状態の違いを生み出していると言えます。

「親からの養育をどのように評価しているか」ということは、親との愛着が安定したものであ

るかどうかを、もっとも顕著に示す特徴的な鑑別点とされています。

つまり、この調査結果は、親との愛着が安定しているかどうかは、中年期の健康状態にまで大きく影響すると解することができるでしょう。


筆者が行った調査でも、親やパートナーと安定した関係にあり、心の拠り所がうまく機能していると答えた人では身体化の傾向が低くなり、相関係数は−0・37でした。これは、認知がネガティブな傾向との相関係数0・19と比べると、かなり強いと言えます。逆に言えば、ポジティブな認知も身体化を防ぐことにはつながりにくく、かえって無理をして体の症状を引き起こしてしまう面もあるのかもしれません。

むしろ、われわれを病気から守ってくれる予防効果を期待できるのは、家族からの安定した愛情や優しさであったり、困ったときに何でも相談できる存在だと言えます。

第七章　過敏な人の適応戦略

過敏さとどう付き合うか

神経学的な閾値が低いため、些細な刺激も不快に感じてしまったり、長く神経の興奮が続いてしまう過敏な人は、その特性とどう付き合えばいいのでしょうか。この章では、過敏さだけでなく、それに伴いやすい低登録などの特性に、どのように対処すればよいかについて、適応戦略という観点から考えたいと思います。

過敏さがマイナスに働いてしまうのは、それに伴う日々の苦痛以上に、過敏性によってどうでもいい雑音や雑念に注意を奪われてしまい、肝心なことに集中し打ち込むことが妨げられてしまうためです。

過敏性をもっていても、その人がやりたいことをするのに妨げにならなければ、それほど問題はなく、むしろ、その繊細さや気づきの豊かさを生かすこともできます。

①刺激量を減らす

過敏な人が、そのデメリットを減らし、メリットを生かすために重要な第一の原則は、刺激量を減らすということです。

余分な刺激があると閾値を超えてしまいやすくなりますし、肝心なことに集中できないだけでなく、疲労しやすくなってしまいます。それを防ぐために、できるだけ余分な刺激に曝露《ばくろ》しないようにするのです。

BGMを流しっぱなしにしたり、テレビをつけっぱなしにすることは避け、今、取り組んでいること以外のものは、机の上にもできるだけ置かないようにします。窓にもカーテンを引き、部屋の明かりも明るすぎないように調節します。音に特に過敏な人では、ノイズキャンセリング機能のあるイヤホンやイヤマフを使ったり、二重サッシにすると楽でしょう。

部屋の調度や備品は最小限でシンプルなものにし、余分なものはクローゼットや壁面家具、引き出しの中などに収納します。静かで、すっきりとした空間を作ることで、集中しやすくなります。

課題や神経を使う仕事をする場合も、長時間ぶっ続けでやることは避け、こまめに休憩して、刺激が閾値を超えないように配慮します。

画面を見る時間を減らしたり、SNSやネットでの交信に費やす時間を減らすといったことも、情報入力を減らし、神経が疲労してよけいに過敏になるといった悪循環を避けることにつながります。

また、このタイプの人と過ごすときには口数は控えめにし、絶えずしゃべりっぱなしになるようなことは避け、沈黙の時間を大切にします。相手がなかなか発言しない場合も言葉が返ってくるまで待つようにします。待ちきれずにこちらがしゃべり続けたりすれば、相手の神経は、あなたの言葉で洪水を起こし、何か考えることも、ましてや自分の考えや気持ちを言葉にしたりすることもできなくなってしまいます。

ところが往々に、散々しゃべり倒しておいて、なぜ何も言わないのだと相手を責めたりします。あなたがしゃべりすぎるから、過敏な人は、もうそれだけで処理能力の限界を超えてしまっているというのに。

刺激は外からだけでなく、自分の頭の中からも生み出されます。

人は、いくつもの心配事や課題、期限を抱えていると、それが雑念にもなりやすいのです。未解決の問題や感情的なわだかまりを引きずっていると、そこから沸き起こる怒りやいらだちが、強い刺激を心の中に生み出してしまいます。

いくら外からの刺激を遮断しても、心の中から沸き起こる刺激は遮ることができません。心の傷といった問題が過敏性を生み出す大きな要因となるのは、内側から不快な刺激が防ぎようもなく発生してしまうことも一因となっているでしょう。

その意味で、内部からの刺激を減らすことも重要な課題なわけです。では、どうすれば心配事やさまざまな雑念を減らすことができるでしょうか。

その場合に、役に立つ有効な方法は、頭で考えるのをやめて、書き留めるということです。頭で考えていると、思考や感情というものは、際限なく堂々巡りを繰り返しやすいのです。

心配事ややらなければならない課題が思い浮かんだとします。そうした場合、漠然とそのことを考えていると歯止めが利かなくなりやすいのです。そこで、雑記帳でも雑念帳でもいいですし、普段使われている手帳や日記アプリでもいいのですが、そこに思い浮かんだ懸案事項を書き出します。そして、それに対してご自分がとれる対策や方針を書きます。

問題によっては、何もすることができないとか、有効な対策がないという場合もあるでしょう。考えても、何の効果も期待できないという場合もあるでしょう。そうした場合は、「現在のところ、なすべきことなし。様子を見ることにする」とか「考えても同じ。放念」と書きます。「放念」の代わりに、「放置」とか「考えるのやめ！」といった具合に、ご自分にぴったり合った、言い聞かせる言葉を書いてもいいでしょう。

感情的なわだかまりや心の傷にも、ある程度、この方法は有効です。傷ついた体験も、記録として残すつもりで書くと、頭の中でその場面が繰り返されるということを防ぐことにつながります。

すべてを受け止めてくれる人に話すというのがもっとも有効な方法ですが、そういう相手が身近にいない場合でも、書くことによって、無条件に受け止めてもらえます。ブログなどに書き、共感されることで、少しずつ自分が抱えている心の重荷を下ろしていく人はとても多く、有効な方法だと言えます。

仕事にとりかかる前に、その日やるべきことを書き出して、優先順位をつけるというのも有効な方法です。過敏な人は、入力情報を整理するのが苦手で、しばしばあまり重要でないことに手を付けてしまい、それにつかまったまま、肝心なことができずに終わるということが起きやすいからです。

人生が周囲の刺激によって迷走しないためにも、常に書いて整理するというのは有用な方法です。

②刺激を予測のつくものにする

第二の原則は、生活や活動を構造化して予測がつくように整理し、それを習慣化することです。過敏な人にとって、同じ刺激でも、突発的で予想外の刺激ほど、強く不快に感じられます。秩序が保たれ、予測ができるようになると、同じことが起きても、その苦痛は半減するのです。しかも、それが毎日の習慣となることで、刺激というよりもルーティンとなり、不快さよりも安心をもたらすようになります。

課題に取り組む場合も、時間や順番を決め、決まった儀式のように行うのです。

このタイプの人と付き合う場合に気をつけなければならないのは、相手を驚かすようなことは、極力避けた方が良いということです。決まりきったやり取りをかわした方が相手は安心し、あなたに好印象をもつのです。会話を面白くしようとひねりを入れたり、突っ込みを入れたりすると、このタイプの人は大抵答えに詰まってしまいます。そして、自分が答えられないようなことを言ってきた相手の発言を、自分を脅かすものとか、馬鹿にするものと受け取りやすいのです。

軽い冗談のつもりで「まだ懲りずに、あの人と一緒にいるの？」というようなことを言ったばかりに、一生恨まれるということも起きるのです。

③安全限界を超えない

第三の原則は、刺激が閾値を超えてしまいそうになったら、その手前でとどめるということです。限界を超える前に生じる、かすかな兆候を見逃さないことです。イライラや疲労感、集中力の低下は、限界を超えつつある兆候としてもっともよくみられるものです。

これまで楽しかったことが楽しくなくなったり、重荷に感じられたりするのも、負荷が限界に近付いていることを教えてくれています。極端で、悲観的な考えにとらわれたり、投げやりになったりすることも、過敏な人が頑張りすぎているときにみられやすい兆候です。

体のある部位が痛んだり、吐き気や下痢といった身体化や自律神経の反応がみられるのも、慢性的に限界を超えた負荷がかかっていることを教えてくれています。急激に限界を超えてしまったときに現れやすいのが、混乱やパニックです。そうした状態になったときは、いったん大きく負荷や目標を下げ、安心して余裕をもった生活ができることを優先しましょう。

そうした観点で見ると、何が起きているか腑に落ちることも多いと言えます。相手の状態も違って見えてくるはずです。イライラしている相手を責めるのではなく、負荷が過重になって、限界にきているのだと理解すれば、接し方も変わってくるはずです。頑張りすぎて、少し疲れているのではと受け止めることができれば、お互いに冷静になれるのです。

注意深く反応を見ていれば、そうした兆候が見えるはずです。そのとき、そのまま突き進まず、立ち止まることが破綻を防ぐのです。抵抗を感じたらいったん引く。このことは、あらゆる領域の現象に広く当てはまる経験知です。大きな失敗をする人と、それを免れる人の違いは、この点に集約されると言っても過言ではないほどです。

無理をしてオーバーロードになっている兆候を感じたら、とりあえず立ち止まることです。休んで様子を見たり、後戻りしてみることです。間違っても、強硬に突き進もうとしないことです。

かすかな兆候に気づくためには、少しずつ進むことが大切です。小さなステップで徐々に負荷を増やすというやり方が、安全でうまくいきやすいのです。

ボーッとすることも大切

いつもは過敏で神経も冴えすぎている人が、たとえば休みの日などに、ぼんやりしたり、一日中ごろごろしていたりということがあるかもしれません。何もせずボーッとして過ごしていることで自分を責めたり、あるいは、そんな家族がいたりすると「何ごろごろしているの！」と叱責したりするかもしれません。

でも、それは、その人の神経が限界を超えないために必要なことであり、責めることではないのです。むしろ、ぼんやりする時間を多めにもったり、休みの日に何もせずに過ごしたりすることが、過敏な人には必要なのです。そうすることで、神経にかかる負荷が限界を超えないように調節しているとも言えるのです。ボーッとする時間を積極的にもつ方が、神経を消耗から守り、意欲ややる気の維持にもつながります。

抵抗力を高める

これらの方策は結局、限界を超えないように刺激量をコントロールするということです。しかし、それ以外の方法で、過敏な神経を守ることもできます。

その一つが、防御機能（バリアー）を強化し、刺激やストレスに対する抵抗力を高めるというものです。

そんなことは可能なのでしょうか。可能です。特に効果的なものだけでも、四つの方法がありますが、そのうちの一つはお薬を使う方法で、後の三つは心理的なアプローチや訓練によるものです。心理的なアプローチについては、次の章で詳しく取り扱うこととして、ここではお薬を使って過敏性をコントロールする方法について触れたいと思います。

お薬を使うと言うと抵抗がある方も少なくないでしょうが、極めて過敏なケースでは、お薬も重要な手段となります。

長年引きこもっていた人が少量のお薬を飲んだだけで、一か月もしないうちに仕事に行き始めるというケースさえあるのです。過敏さのレベルが深刻な人ほど、お薬の効果は劇的です。

過敏性を和らげるために効果が期待できるお薬にも、何種類かあります。

一つは、非定型抗精神病薬と呼ばれるタイプのお薬です。脳の信号伝達を行っている神経伝達物質ドーパミンが受容体に結合するのをブロックし、過剰に働くのを防ぎます。もともと統合失調症の治療に開発されたお薬ですが、少量を使うことで神経過敏やうつ状態の改善にも役立つのです。

二つ目は、SSRIと呼ばれるもので、神経伝達物質セロトニンの、シナプス間隙での濃度を高めることで伝達をスムーズにし、前頭前野や海馬の働きを良くするものです。また、扁桃体にも作用し、不安や恐怖を鎮め、ストレスに対する耐性を高めます。

過敏性にもタイプがあり、どちらが効果的かは、ケースによって違います。両方を併用して、初めて十分な効果が得られる場合もあります。

もう一つは漢方薬で、十数種類の漢方薬が、過敏性を緩和するのに有効です。その人の体質にうまく合うと、劇的に改善する場合もあります。

うつだけがみられる単極性のうつ病と、うつとともに気分がハイな状態もみられる双極性障害の人を比べると、双極性のタイプの人に、高い頻度で心的外傷体験が認められると報告されています。また、過敏性に情緒不安定や気分の波、ときには解離（意識や記憶が飛ぶ症状）を伴っている場合、心的外傷体験や未解決型愛着の存在が推測されます。こうしたケースでは、気分安定薬と呼ばれるタイプのお薬が、しばしば改善に役立ちます。

回避する戦略もある

過敏な神経や心を守る方法には、もう一つ重要な選択肢があります。それは、不快な刺激やストレスを避けること、つまり回避です。

過敏で傷つきやすい特性を抱えた人が、通常とるもっとも一般的な対処法は、ストレスのかかる場面を避けることです。剣豪宮本武蔵でさえも、勝ち目がないと見たら、なりふり構わず逃げたと言います。三十六計逃げるに如《し》かずと、兵法も教えています。

みすみす傷つけられる事態を避けることも、立派な戦法なのです。

実際、刺激を回避する傾向は、受動的な感覚過敏よりも、社会適応度や幸福度において負の相関が弱くなります。不快なことにただ耐えるよりも、逃げ出した方が良い場合もあるのです。

回避戦略には、次のようなものが含まれます。一つは他人と距離をとり、親密な関係を避けるということです。距離をとればとるほど安全なので、究極的には人との接触を避けて、引きこもるのが理想ということになります。仕方なく会社に通っていても、人里離れた場所に遁世《とんせい》するような生き方を心のどこかで求めるのは、回避への願望ゆえです。

脱サラして信州や北海道でペンションを経営するとか、北海道の牧場や農場で働くといった生き方に憧れる人もいます。しかし、ペンションを経営するとなると、お客さんと親しげに接しないわけにはいかず、遁世どころではなくなります。北海道の農場や牧場にやってきた若者の多くは、想像と現実のギャップに打ちのめされ、都会暮らしに戻っていくようです。

泥で汚れたり、糞《ふん》の臭いを気にしていたのでは、もちろん仕事になりません。やはり自分の部屋にこもるのが一番快適ということになるのでしょう。しかし、それもまた最悪の事態を避けるために役立っている面もあるのです。

回避戦略のもう一つの原則は、チャレンジを避けるということです。新しいこと、ちょっと難しいこと、負担が増えること、失敗するかもしれないこと、嫌な思いをする危険があること、それらすべてを避けるとなると、現状維持でいくしかありません。

そのため回避性の人では、人生の幅が広がりにくく、変化が起きにくいのです。新しいことに挑戦しないとなると、ステップアップも起きず、能力を生かすこともできません。回避性の人は、実力以下の人生になってしまいやすいのです。これは、もったいないことです。

過敏性と回避傾向の結びつきは深く、感覚過敏とは0・68という高い相関が認められました。

過敏さを抱えていると、どうしても人との接触やかかわり、新しいことへのチャレンジを避けてしまいがちになります。それは身を守るための戦略ですが、同時に、自分で自分を穴に埋めてしまうような行為だとも言えます。

回避戦略の有用な面も認めつつ、そこをどう抜け出すかが、過敏な傾向を抱えた人にとって

表14

	過敏でも回避的でもない	過敏ではないが回避的	過敏だが回避的でない	過敏で、回避的
幸福度	2.00	2.25	1.41	1.25

の大きな課題だと言えるでしょう。その点については後の章でも扱いますが、回避性についてもう少し詳しくお知りになりたい場合は、拙著『回避性愛着障害　絆が稀薄な人たち』（光文社新書）や『生きるのが面倒くさい人　回避性パーソナリティ障害』（朝日新書）を参考にしていただければと思います。

回避した方が幸福？

ただ、回避には明らかにメリットとなる面もあります。防衛戦略の一つとして、問題に直面することを避けることで、不幸を忘れられるということも事実で、これもまた生きるための大切な戦略なのです。

実際、今回行った調査で、過敏性と回避的傾向が強いか弱いかで、四つのグループに分けて幸福度を比べてみると、幸福度がもっとも高かったのは（4が最高、1が最低で評価）、過敏ではないが回避的な傾向がみられたグループでした（表14）。過敏で、かつ回避的なグループがもっとも幸福度が低くなりましたが、過敏だが回避的でないグループとの差は、過敏ではないが回避的なグループとの差に比べるとわずかでした。

幸福度においては、回避的かどうかよりも、過敏であるかどうかが重要な決定因子だと言えますが、過敏でない人においては、回避的な方がむしろ気楽に生きられるのかもしれません。ある意味、そういう生き方が、新しいスタンダードになりつつあるのでしょうか。

その一方で、過敏さゆえの回避は、負のスパイラルを強めてしまう面もあると考えられます。何もかも回避するのではなく、回避すべきこととチャレンジすることのバランスが大切に思えます。

感覚探求が高い人には、新しい刺激が必要

感覚や神経が過敏な人では、反応の閾値や負荷の限界が低いため、過負荷にならないように刺激や心理的負荷が増えすぎることに注意しなければならないわけですが、逆に感覚探求の高い人では、閾値が高いだけでなく、神経システムが安定するために必要な刺激量も高いので、ある程度新奇な刺激がないと心も体も退屈してしまい、意欲や活気が逆に低下してしまいます。

そこで刺激を増す工夫が必要になります。食事をするのでも、新しいお店を開拓したり、新しいメニューに挑戦したりということが活気を高めるのです。

感覚探求の高い人は、香辛料やスパイスの利いた食事を好む傾向があります。それも理にかなったことで、刺激を補うことで、心のバランスを保とうとしているのです。

旅行や芸術、スポーツといったことで、非日常的な刺激を定期的にもつようにすると、生き生きとした日々を過ごす助けになるでしょう。

家事や子育て、決まりきった日常だけでは満たされないものが、たまってしまいやすいのです。セックスなども、マンネリ化や刺激の低下を感じやすく、最初は熱烈に愛し合っていても、急激に関心をなくしてしまうこともあります。しかし、まったく求めていないわけではなく、ただ馴れっこになったパートナーとの関係では刺激が足りず、意欲がわかなくなってしまうのです。

いつの間にか欲求不満を抱えていて、新しい出会いや機会があると、不倫に走ったり、危険な火遊びが始まったりすることもあります。しかし、それも、その人が生き生きといられるために必要なことだとも言えるのです。そうならないためには、夫婦関係においても、ときには二人でデートするとか、サプライズのプレゼントをするなど、新奇な刺激を与えられるような工夫を凝らすことです。

また、感覚探求が高い人には、気分の波がある人が多く、何事も調子に乗ってやりすぎないことも大切です。

過敏さと鈍感さが同居することも

過敏な人が、生存のために採用するもう一つの代表的な戦略は、意識的なものというよりも、生物学的なレベルでの適応の産物だと言った方がよいでしょう。その戦略とは、鈍感で無頓着になることです。過敏な傾向には、低登録な傾向が併存しやすいのです。

過敏な人には、しばしば鈍感さが同居しているということが昔から知られていました。たとえば、自分の体が汚れることを恐れる不潔恐怖の人が、バスタブや浴室の汚れが気になって、何日も風呂に入らずにいたりします。

他人のひそひそ声にさえ聞き耳を立て、自分の悪口を言われているように思ってしまう人が、身だしなみや服装の乱れにまったく無頓着だったりします。

自分が過敏なことに敏感になるあまり、もっと注意を払った方がいいことに気が回らなくなってしまうのです。このことは、注意の配分の問題と解することもできるでしょう。ある一点にばかり注意を払いすぎて、他のことに目が向かないのです。

エドガー・アラン・ポーの作品に、『盗まれた手紙』という短編推理小説があります。パリ警察は、政治的陰謀にかかわる重要な手紙がある部屋に隠されていると踏んで必死に捜索しますが、どうしても見つけることができません。

警視総監から、その手紙を見つけてほしいとの依頼を受けた名探偵デュパンは、いとも簡単に見つけ出してしまいます。手紙は、安物の手紙入れに、堂々と入れられていたのです。見つかりにくい場所に隠されているに違いないという思い込みが、目の前にあるものに注意を向けさせなかったのです。

一つの視点にとらわれ、そこから逃れられなくなる状態は、自分の考えに集中しすぎて他のことが耳に入らない「過集中」と呼ばれる現象とも似ています。過敏な人では過集中や、集中している対象以外のものに対する鈍感さがしばしば併存するのです。

こうした特性は否定的に語られることが多いのですが、ある面では、過敏な神経を守るために必要な調節作用の結果だとも言えますし、メリットとなる面も大きいのです。

科学者や発明家が、驚くべき集中力と、それ以外のことに対する無頓着さを示したというエピソードは枚挙に遑《いとま》がありません。そうした特性があったからこそ、さまざまな発明や発見がもたらされ、われわれはその恩恵を受けているのです。過集中し、細部に気を奪われるからこそ、見えてくるものもあるわけです。細部を無視して全体を見ることばかりに価値があるわけではないのです。どちらもそれぞれ有用で、意味があることなのだと思います。

気が回らない人や切り替わりが悪い人も

低登録な傾向は、気が回らないとか気が利かないといった傾向と結びつきやすく、社会適応の点では不利に働きやすい面もあります。

また、ボーッとしていることが多く、てきぱき動けないとか、機転が利かないとか、反応が遅いといったマイナスのイメージと結びつきやすいと言えます。

しかし、低登録な傾向には、大きなメリットがあります。それは器用に立ち回れない分、根気よく、一つのことをやり続ける傾向があるということです。昔から成功の条件を、運鈍根《うんどんこん》と言ったりします。このうち、鈍と根が備わっているのです。ぺらぺら調子よく会話をかわしたり、気の利いたことを言ったりすることはあまり得意ではありませんが、常に一定で変わらないので、長い目で見ると信用を得ることになり、着実な成功につながりやすいのです。

ですので機転が利かず、丁々発止の巧みな会話ができなくても、何ら悲観する必要はありません。むしろ、このタイプの人は、不器用さや誠実さを売りにして、根気と日々の蓄積で勝負すべきでしょう。

もう一つは、一点に集中しやすいという特性です。低登録ということは、少々の刺激では反応しないということです。そのような人が反応する刺激というのは、ある意味、本当に興味や関心があることです。つまり、なかなかスイッチが入りませんが、いったん入ると熱中して寝食を忘れるぐらい集中するということです。

自分の関心事以外のことに注意を割かず、無頓着でいられるということは、エネルギーや関心を一点に集中させるという点では実に優れた特性なのです。

時間には限りがあり、人は短い人生の間で、何もかもできるわけではありません。有限の時間とエネルギーで何かを成し遂げようとすれば、まんべんなく、あらゆることに注意や関心を向けていたのでは、すべて初心者のレベルで終わってしまいます。人に気を遣ってばかりで、自分の言いたいことも言わないままでは、創造的なことを成し遂げることなどできません。

他のことに鈍感で無頓着になることで、関心やエネルギーを集中的に用いることが可能になるのです。

世界的な研究者のもとを訪れたら、散らかった部屋に、汚い格好をしたお手伝いさんしかおらず、仕方なく来意を告げると、そのお手伝いさんが大先生だったというようなエピソードにはしばしば出会うものです。

低登録な人への対処とサポート

低登録な傾向をもっている人は、どういうことを心がけて生活すればいいのでしょうか。また周囲はどういう点に気を配ってあげれば、有効な支援になるのでしょうか。

神経学的な観点からすると、低登録の人では刺激の閾値が高いため、閾値以下のあいまいな刺激では行動のスイッチが入りにくいと考えられます。

したがって、スイッチが入りやすいようにきっかけとなる刺激を強め、メリハリをつけて、わかりやすく明らかな形できっかけを与えることが有効と考えられています。

たとえば、何かをやめて次のことを始めないといけないときに、ただ時計が置かれているだけでは時計の存在自体が目に入らず、目に入っても、時計の針が予定時刻をすぎているという刺激だけでは、きっかけとして弱すぎるため、ぼんやり針を見たまま同じことをやり続けるということになってしまいやすいのです。そこで有効なのは、タイマーをセットして警告音を鳴らすとか、ベルや笛を使ってより明確な刺激を与えるということです。

しかし、それぐらいでは効かない場合もあります。たとえば、低登録の人を起こす場合、目覚ましを鳴らしてもなかなか起きられず、ときにはいくつも目覚ましをセットしているのに、鳴りっぱなしで眠り続けているという場合もあります。

こういう場合には、ベースの刺激量を増やしておき、さらにきっかけとなる刺激を追加するという方法が有効です。たとえば、騒々しいBGMを起こす三十分くらい前からかけておいて、その上に耳障りなベルやアラーム音、サイレンを鳴らすのです。

別の種類の刺激を組み合わせる方法も使えます。体を揺り動かす刺激と、アラーム音を併用するといった方法です。同時に行うことがミソです。

低登録な人が講義を聞いたり学習したりする場合にも、少し工夫が必要です。弱いあいまいな刺激を与えるだけでは、神経系が反応せず、ぼんやりしたり眠くなってしまいやすいからです。同じ調子で淡々としゃべるのではなく、メリハリをつけ、声の大きさや調子を変えたり、板書のチョーク（マーカー）の色を変えたり、レクチャーは短く分けて、その間に映像を見せたり、面白いエピソードを挟んだりといった仕掛けが必要です。

よく肝心な授業の中身は忘れたけど、先生の話してくれた面白いエピソードだけは覚えているということがありますが、そちらの方が有効な刺激となって、注意が高まっていたということでしょう。

もう一つ非常に有効な方法としては、質問やテストを活用するということです。質問をされると緊張が高まり、集中力を上げるきっかけ刺激となりやすいのです。

小テストをするというのは、生徒にとっては嫌なものですが、のんべんだらりと授業を受けるより、明らかに効果があります。出題範囲は狭くして、五分か十分の復習で対処できる内容にするのがコツです。

低登録の傾向が強い場合には、実際に体を動かしたり、何かをさせたりという行動刺激を組み込むことにより、メリハリがつきやすくなりますし、単に話を聞いたり読んだりするだけではなく、体験的なことを行うことによって刺激自体が強力になります。

低登録な人が自分で勉強をする場合にも、これらの方法は大変有効です。ただ本を読んだりマーカーでなぞるだけではなく、マーカーでなぞったところを抜き出して、自分で問題を作る作業をし、さらに作った問題でテストをするということを短い単元ごとに行うと、低登録の人も効果的な学習ができます。

コミュニケーションの場面でも、低登録の人は、聞いていたはずのことが抜け落ちてしまうということが起きやすいと言えますし、聞き取り自体が苦手です。あいまいな言葉では伝わりにくく、ぼんやり聞き流して、後で伝わっていなかったということも多いと言えます。

明確にゆっくりと伝えた上で、伝えたことを本人に繰り返してもらうというのが一番確実な方法です。その上で、文書やメールでも、内容の要点を伝えておくとよいでしょう。言った言わないといったトラブルの予防にもなります。

行動を儀式化する

過敏性を抱えた人が、安心や心の安定を確保するために行う対処戦略として、強迫行為があります。強迫行為は、しなくてもいいとわかっていることをやめられないという定義を与えられ、精神医学では否定的なニュアンスで「症状」として扱われてしまいますが、強迫行為には否定的な側面ばかりではなく、有益でプラスになる側面もあるのです。

それは言うまでもなく、安心感や心の安寧を与えてくれるという働きです。

毎回決まって同じことをするというのは、過敏さや不安から身を守るためのとても強力な方法なのです。一つの行動が儀式化され、それを毎回同じ手順で行うことで、安心を手に入れることができるのです。スポーツ選手なども、この儀式的方法を試合の前に取り入れる人が少なくありません。

本来の儀式は、集団で共有された強迫行為だと言えます。たとえば、朝出会ったら「おはようございます」と言って頭を下げますが、その行動自体は、ある意味しなくてもいいことですし、特段の意味があるわけでもありません。

しかし、そうした儀式を行うことで、お互いが仲間として認め合うことができ、それが安心感につながるわけです。

神社やお寺に参って手を合わすといった行動にしても、念仏を繰り返し唱えるといった行為にしても、それ自体は、多くの人には意味のよくわからない行動であり、共同体で共有される強迫行為だと言えるでしょう。

しかし、意味はよくわからなくても、子どもの頃から繰り返し行う中で、安心できる拠り所として心に取り込まれているのです。

気持ちの安定のために儀式的な強迫行為を用いている人は、とても多くいます。過敏な人にとって、それをうまく活用することは、精神の安定を保つ上でも賢明な方法なのです。

シュールレアリスムの画家サルバドール・ダリは、とても神経質で、過敏な体質の人でした。早死にした兄と同じ名前をつけられ、兄の生まれ変わりとして、幼い頃からこれ以上ないほど甘やかされて育てられたことも、その傾向をエスカレートさせたに違いありません。

子どもの頃からバッタ恐怖症で、ふいにバッタが現れたりすると、卒倒しかねないほどの激しいパニック状態に陥りました。バッタという言葉を聞いただけでダリが癇癪《かんしゃく》を起こすので、教師は教室で「バッタ」という言葉を使うことを禁止していたほどです。

少年ダリの人格のバランスをさらに不安定にする出来事が、十代半ばの頃に起きます。一つは、父親が、母親の妹と不倫関係にあったことです。ダリは、倫《みち》ならぬ行為をのぞき見していたとも言われています。

彼にとって、母親は誰よりも大切な存在でした。父親への敵意と、性的な興奮とが混じり合って、彼の中に不安定な混合物を生んだに違いありません。

しかも、そんなことがあってから一、二年して、母親はガンで亡くなってしまうのです。ダリはまだ十七歳でした。奇抜な格好で目立とうとする自己顕示欲を見せる一方で、話しかけられるだけで顔を赤らめてしまうシャイな若者でした。

ダリが画家として成功し、大家となると、彼は生活の厳格なパターンを作り上げ、細部まで決められたルールに従って生活するようになります。そういう決まりきった儀式をしてからでないと、ダリは落ち着いて絵画制作に取り組めませんでした。

木彫りの人形をいつも肌身離さず持ち歩いていたのも、そうした儀式の一環で、ダリはそれがないと安らかに眠ることができませんでした。ところが、その木彫りの人形が行方不明になってしまったことがあったのです。ダリはパニックになり、母親を亡くした子どものように途方にくれました。

幸い、間違えて捨てられていた木彫りの人形は見つけ出され、ダリの手元に戻ってきましたが。

精神医学者のユングも、過敏な少年だった頃、木彫り人形を気持ちの安定のために用いていました。今日、心に傷を負った子どもや過敏な子どもの安定のために、こうした偶像が安全基地として使われ、ポケット・パルと呼ばれています。

特定の感覚刺激を安心行動として使う方法もあります。グラウンディングも、そうした方法の一つです。不安が押し寄せてきて圧倒されそうになったとき、床に足をしっかり踏ん張り、固い壁などに体を押しつけたり固いものを握りしめたりして、自分が大地としっかりつながった感覚をもつことで、気持ちを落ち着けるテクニックです。

「感覚のツールボックス」を携帯するという方法もあります。ツールボックスの中には、プチプチやサンドペーパー、粘土、保冷剤、氷水の入った水筒など、感覚に刺激を与えられるものを用意しておきます。それに触れたり、握りしめたり、口に含んだりすることで、気持ちが切り替わったり、落ち着きやすくなるのです。

第八章　過敏性を克服する

幸福は自分で手に入れるもの

幸福にどれくらい遺伝要因が関与しているかを、一卵性と二卵性双生児での一致率の違いを比べる方法で調べた研究がこれまで十件ばかりなされてきました。

これらの研究をメタ解析（これまで行われた研究結果を集めて、分析する研究手法）した結果、幸福であることへの遺伝要因の関与（遺伝率）は36％、人生に満足していることへの遺伝要因の関与は32％と算出されています。三分の一程度は、遺伝子によって決定されていますが、残りの三分の二は環境因子によって決まるということになります。

子どもの頃、環境は自分で選ぶことができませんでした。生まれてくる家にしろ親やきょうだいにしろ、住む地域や通うことになる学校も、子どもの意思とはほぼ無関係に決められたものでした。

しかし、大きくなるにつれて、自分の暮らし方や生き方を選ぶことができるようになります。どういう仲間や伴侶と過ごすかも、どういう活動をするかも、その人の考えと決断に左右されるのです。それによって自分の環境を自分で整え、自分を生かすものに変えることもできるのです。

子どもの頃、親や家庭環境の影響はとても大きいものですが、大人になるにつれ、子どもは親の影響を脱し始めます。そして、親から物理的に離れようとしたり、心理的に距離をとろうとし始めます。親の言いなりになることをやめて、自分の意思と決断で、自分の人生を生きようとするわけです。

もちろん、親から与えられた遺伝子を捨て去るわけにはいきませんし、良い意味でも悪い意味でも、親から教え込まれてきた考え方や行動の様式というものは、にわかには変えられず、引きずり続けることになるのですが、同時に家族以外の人と出会ったり、新たな体験を積み重ねる中で、少しずつ自分を縛っていたものから自由になり、自分ならではの可能性を開拓することもできるのです。

実際、成人した後、年とともに養育環境の影響は、薄らいでいくことがわかっています。恵まれた環境で育った人も、過酷な子ども時代を過ごさねばならなかった人も、大人になってからは、新たなステージを迎えるのです。自分の意思と責任で、自分の人生を良いものにも悪いものにもしていくことができるのです。

さまざまな既定の制約や縛りを差し引いても、幸福であるかどうかのおよそ40%は、その人がどんな活動をするかや、どういう受け止め方をするかに左右されると言われています。肥満の遺伝率が78%だったことを思い出してください。どんなにダイエットを頑張っても、所詮22%以下しかチャンスがないのと比べて、幸福や人生の満足を手に入れるチャンスは、その人次第でずっと大きいのです。

無意識の縛りから自由になる

ただ、大人になったからと言って、自分らしい生き方ができるわけではありません。それを可能にするためには、自分を縛っているものを自覚する必要があります。

その人を縛っているものは、思考や行動のパターン、価値観や認知の偏りとなって、その人に組み込まれた無意識的で自動的なものなので、その歪《ゆが》みは自覚されにくいのです。

その人はいつも通りに行動しているだけで、至極当たり前のことにしか思えませんし、そう思う間もなく、勝手にそうなってしまうのです。

ですので、せっかく親の支配から自由になって、新しい人生の歩みを始めたつもりでも、相変わらず親がそばにいて監督しているかのように、同じ行動しかできないこともあります。同じ失敗を繰り返しているのに、自分が同じことをしていることに気づかないという場合も少なくありません。

同じ失敗を避け、自分にふさわしい人生を歩んでいくためには、自分を振り返ることが不可欠になります。

多くの人にとって自分を振り返ることが難しいのは、それが少し厄介なことだからです。自分の弱い点や悪い点に目を向けるのは、誰にとっても、それほど心地よい作業ではありません。目を背けることで、どうにか気持ちを保ってきたという面もあるでしょう。

しかし、そうしてきた人でも、自分を振り返るようになるときがあります。それは手痛い思いをしたり、今までのやり方が通用しないような困難に遭遇したときです。痛みや挫折を味わって初めて、人は自分の問題に目を向けるようになるのです。

どんな医者嫌いな人も、激痛に襲われると救急車を呼んでくれと自分から訴えるように、痛みがあるがゆえに問題を何とかするしかないと腹をくくれるのです。

その意味で、過敏性という問題は、比較的向き合いやすい課題だと言えるかもしれません。多くの人がそのことで苦痛や不快感を味わい、苦しんでいます。苦しいことだからこそ何とかしようと思えるのです。

最後のこの章では、過敏性と上手に付き合い、さらには克服していくための方策を考えてい

表15

	神経学的過敏性	心理社会的過敏性
過去の境遇	0.28	0.27
肯定的認知	−0.36	−0.39
二分法的認知	0.44	0.48
安全基地	−0.41	−0.54

きましょう。それは過敏性にとどまらず、あなたが抱えている、もっと根本的な課題を乗り越えることにもつながるでしょう。

安全基地＞認知＞過去の境遇

過敏性を改善するためには、どうすればいいのでしょうか。表15は、神経学的過敏性や心理社会的過敏性が、過去の境遇、認知の傾向、現在の安全基地の機能と、それぞれどのくらい強く関係しているかを示しています。

ごらんの通り、神経学的過敏性、心理社会的過敏性のいずれも、過去の境遇がつらかったと感じているかどうかとは、それほど強い相関を示しませんでした。

それに対して肯定的な認知をもっている人では、神経学的過敏性も心理社会的過敏性も軽くなる傾向が認められ、相関の度合いは、過去の境遇との関係よりも強いものでした。

しかし、認知の面で、肯定的な認知以上に、過敏性と強く結びついていたのは、二分法的認知です。全か無かの両極端な認知は、肯定的か、否定的かということよりも、過敏性と一段と強い結びつきを示したのです。

さらに注目すべきは、安全基地との関係です。神経学的過敏性、心理社会的過敏性とも、現在安全基地となる心の拠り所がある人では軽くなる傾向がみられたのですが、その傾向がいっそう強かったのは、心理社会的過敏性においてでした。相関係数は０・５４にも上ったのです。

妄想傾向や身体化についても、同様のことが当てはまりました。過去の境遇よりも、認知が二分法的かの方が強い結びつきを示し、さらにそれを上回っていたのが、安全基地がうまく機能しているかどうかでした。

過敏性に、過去の境遇そのものよりも、物事の受け止め方である認知や、現在の安全基地が機能しているかの方が強く関係しているとしたら、われわれに変えられる余地は、思っている以上に大きいと言えるかもしれません。

では、われわれにできることを、大きく三つの点に絞って述べていきましょう。

その第一は、認知を肯定的なだけでなく、二分法を克服した、バランスのよいものに変えるということです。

第二は、物事を自分の視点から離れて見えるように訓練するということです。このことは、二分法的認知を克服することともつながります。

第三は、安全基地の機能を高めたり、うまく利用したり、さらには自分の中に安全基地を確保する方法を身につけるということです。

第一節 肯定的でバランスの良い認知

肯定的認知は幸福と社会適応を高める

これまでの多くの研究により、肯定的な感情を増やすことや、肯定的な認知をもつことは、気分を良くし意欲を高めるだけでなく、対人関係や社会適応を改善し、幸福や成功のチャンスを増やすということが裏付けられています。

五十一件の先行研究をメタ解析した研究によると、肯定的認知の幸福への効果の大きさ（効果量：effect size と言い、両者の相関係数の絶対値）は0・29、うつへの効果量は0・31でした。

別の研究でも、適応や自尊感情などに対して、平均で0・32の効果量を認めています。

肯定的認知を高める働きかけと幸福度の改善とは、おおむね0・3程度の相関があったと言うことができます。

肯定的認知を高める方法

近年、ポジティブ心理学の名が、一般にも知られるようになりましたが、その歴史は比較的古く、一九七〇年代から地道な研究が行われてきました。

当時、マイケル・フォーダイスは、先駆けとなる試みを行いました。彼は生徒たちに、幸福な人のふるまい方をまねするように指導したのです。たとえば、親密な関係を大切にしたり、楽天的な考え方を育《はぐく》んだり、やりがいのある活動に取り組んだりしてもらいました。

すると驚くべきことが起きたのです。生徒たちの幸福度は日々高まり、憂鬱な気分や悲観的な考えは大幅に低下したのです。この研究から後、肯定的な感情を増やし、肯定的な認知を強化するためのさまざまな方法が編み出され、実践に供されてきました。

いくつかの方法を知っておくことは、何かと役に立つに違いありません。以下に紹介する中で、自分に合った、使えそうなものを見つけてください。

希望のエクササイズ

ローラ・キング教授は、世紀の変わり目に興味深い実験を行いました。学生に四日間続けて自分の研究室に来てもらい、思いつく限り最高の自分の人生について二十分ずつ書いてもらったのです。一日のうち二十分だけ、理想の自己像について夢を膨らませるというだけの課題でしたが、その効果は覿面《てきめん》でした。

気分の高揚や幸福感の上昇が、約四週間持続しただけでなく、五か月後に実験に参加した人は、病気にかかりにくい傾向がみられたのです。

その後、キングらは、もっと簡略化した方法を試みています。たった二分間だけ自分の理想の人生について書いてもらうということを、二日だけ行ったのです。それでも、同様の効果が認められました。

二つの追試が行われていますが、いずれも同様の効果を示しました。週に一度、十五分間そうした取り組みを行い、八週間続けた研究では、幸福度を高める効果が六か月も持続したのです。

短期精神療法では「あなたは、どうなりたいですか?」ということをよく質問します。多くの人は「そんなこと、聞かれても……。今は目の前のつらいことで手一杯なので、考える気にもなれない」という人もいるでしょう。しかし、この質問に答え、自分がどうなりたいのか、それを明確な言葉として述べることによって、変化が始まることも多いのです。

なぜなら、自分の進もうとしているゴールが見えていないのでは、道に迷ってしまうことは必定だからです。ゴールを明確にし、それを言葉にすることで、自分の方向性が具体化されます。

と同時に、人は未来の希望について語るとき、元気になるのです。現在の問題や過去の失敗について語り出すと、落ち込んでしまうときも、その先の未来に希望があれば、人は生きていけるのです。その意味で、未来像を語る取り組みを、筆者は「希望のエクササイズ」と名付けています。

自分が、どうなりたいのか、三年後、十年後の理想の自分について、日頃から書いたり語ったりすることは、とても有益なのです。

そんなことを考えても、どうせ無理に決まっていると、否定的な気持ちが拭い去れない人に使われる方法に、ミラクル・クエスチョンと呼ばれるものがあります。「奇跡が起きて、何でもできる力を手に入れたとしたら、あなたはどうなりたいですか」と訊《たず》ねるのです。その人を縛っている現実的な制約を取り去ることで、初めて本音が出やすくなるということもあります。

現実にとらわれすぎずに、自分の希望を語るという点が、この方法のポイントなのです。

親切にするエクササイズ

幸福な人ほど、人に対して親切であるということが研究でも裏付けられています。親切と幸福が結びついているのなら、親切な行動を増やすことで幸福度を高めたり、悲観的で傷つきやすい気持ちを改善することはできないのでしょうか。

ダンら三人の研究者は、このことを確かめるために、ある実験をしました。五ドルまたは二十ドルを実験の参加者に与えて、それを自分に使ってもいいし、人のために使ってもいいと伝えたのです。その結果は興味深いものでした。もらったお金を自分のために使った人よりも、他人のために使った人の方が、大きな幸福感を味わえたのです。面白いことに、金額と幸福感の大きさは関係なかったそうです。

親切な行為も、同じことを繰り返すよりも中身を変えて新鮮味をもたせた方が幸福感を高める効果があり、小さな親切を毎日やるよりも一度に固めてやった方が、多く高揚感が得られるという研究結果も出ています。

そうなると、親切は他人のためだけでなく、その人自身のためでもあるということになるでしょう。いずれにしても、親切には、それをされた相手だけでなく、それをした本人も幸福になれる作用があるということです。

親切な行為が過敏な傾向を和らげるかどうかについては、今のところデータがありませんが、幸福感と過敏さが中等度の負の相関を示すことから、過敏さに対する効果も期待されます。

親切と過敏さがどう結びつくのかと、腑に落ちない方もいらっしゃるでしょうが、その二つは結びついても何ら不思議はないのです。

親切は、優しさと言い換えることもできるでしょう。どちらも他人のために行動することであり、また温かい気持ちを伴っているという点でも共通します。

そして、優しさに関与するのがオキシトシンという愛着ホルモンです。優しく世話をするときだけでなく、優しい気持ちで人と接したり、笑顔をかわすときでさえも、オキシトシンが分泌されるのです。オキシトシンには、抗ストレス作用や抗不安作用があり、過敏さを和らげてくれます。虐待された子どもが過敏な理由は、恐怖の体験によるトラウマのためでもありますが、安定した愛着が育まれないことでオキシトシン系の働きが悪いため安心感がもてないということにも起因しています。

そう考えると、人に親切にして優しい気持ちになることによってストレスや不安が減り、過敏さも和らいだとしても不思議はないのです。

優しくなりなさいと言われると抵抗がある人もいるでしょうが、親切にしなさいと言われれば受け入れやすいかもしれません。しかも、情けは人のためではなく、自分自身にも返ってくるのです。

家族に優しくすることには抵抗がある人も、親切にするのだと割り切れば、ハードルが低くなるかもしれません。そして、他人に親切にする以上に、家族に親切にすることには大きなメリットがあるのです。

感謝するエクササイズ

感謝することも、物事の良い面を見ることで幸福感を高め、ストレスを減らし、免疫力を高めることが知られています。実際、長寿の人は、不満よりも感謝を口にする傾向があると報告されています。

ある研究では、参加者に感謝していることを五つ挙げてもらうという課題に、週に一度ずつ十週間、もしくは毎日の頻度で二、三週間、取り組んでもらいました。その結果、感謝する取り組みに参加した人は、参加しなかった人に比べて幸福度が高く、身体的症状が少なく、健康的な行動が増える傾向を示したということです。感謝する習慣を作るだけで、大きな変化が生まれたのです。

別の研究では、同様の課題に取り組んだだけで気分が高まり、よく眠れるようになり、人との絆が強まったと感じられるといった効果を認めています。

感謝する傾向が強い人が幸福感を維持しやすいと考えられているのは、そうした人では快楽順応が起きにくいということによります。快楽順応は、何か喜ばしいことも、それに馴れっこになると、最初ほど喜びを感じなくなってしまう現象です。

感謝する傾向が乏しい人では、恵まれた境遇でも、不満だらけに感じてしまいがちなのです。しかし、そういう心のもちようが、気分だけでなく健康にまで影響するとしたら、是非とも感謝できる気持ちをもちたいものです。

興味深いことに、こうしたエクササイズに週一度だけ取り組んだ場合と、週に三回取り組んだ場合を比べると、週一度の方が気分や幸福度の改善には効果的だったという結果が出ています。そんなにしょっちゅう取り組んだのでは、やらされ感が強まり、課題の新鮮さも薄れてしまうのでしょうか。

クリスチャンが週に一度教会で祈りを捧《ささ》げ、主に感謝するという習慣を長年維持してきたのは、もちろん信仰心ゆえでしょうが、そこから大きな恩恵が得られるという面があったのかもしれません。

クリスチャンでなくても、そうした知恵を生活に取り入れることは大切なことだと思います。週に一度、生活を振り返りながら、人からしてもらった良いことを思い出し、それに感謝することは、傷つきやすさや生きづらさを和らげ幸福感を高めてくれるに違いありません。

ただし、感謝するという課題の効果は、その人の身の入れ方によって大きく違ってしまったということも報告されています。それらの研究によると、感謝の手紙を書くという課題に取り組んでもらったのですが、効果が認められたのは熱心に課題に取り組んだ人だけで、また幸せになりたいという気持ちが強い人ほど効果がみられたということです。そうした人では、高い効果が現れるだけでなく、長続きしやすく、半年後も幸福感が高まった状態が認められたということです。

うつ病を改善したポジティブ・トレーニング

今まで書いてきた以外にも、ポジティブな感情や認知を活性化するためのさまざまな方法が開発され、試されてきました。それらが真の効果をもつかどうかの試金石は、ちょっと落ち込んだ大学生ではなく、もっと深刻な希死念慮（死にたいと願うこと）やネガティブな感情・思考にとりつかれているうつ病の患者に、その方法が通用するかどうかです。

中でも、有望な結果が出たのは二つの方法でした。

一つは、人生において良いことを三つ書いてもらうという取り組みでした。もう一つは、自分の強みとなることを新しいやり方で生かすことに取り組んでもらうことでした。

この二つの方法は、取り組みの間、気分や意欲が改善しただけでなく、その後六か月間にわたってうつの改善が持続し、幸福感の高まりが認められたのです。

ことにトレーニング期間が終わった後も自主的にその取り組みを続けた人では、さらに長く、うつの改善効果が認められたということです。

もちろん、これらのトライアルの対象となったのは、重症のうつ病患者ではなく、比較的軽度のうつ病や気分変調症の患者でしたので、ある程度、心地よい刺激に対して気分の反応が保たれたケースが中心だったと推測されます。

だとしても、六か月にわたってその効果が持続するということは、単なる反応では説明できず、本質的な変化が誘発されたと考えられます。

肯定的な感情や認知を増やすことに重点を置いた心理療法は、うつ病の改善において、認知行動療法や抗うつ薬による治療よりも効果があったと報告されているほどです。

その人の適性に応じて、有効な方法が異なる

このように、さまざまな方法が肯定的感情や思考、そして幸福感を高めるために使えるわけですが、誰にでも同じくらい効果的なわけではありません。よく効く人もいれば、そうでない人もいるわけです。選択した方法が適しているかどうかでも、効果が大きく異なることがわかっています。

たとえば、人に親切にするといった課題は、社交的でもともと人付き合いを好む人の場合には有効ですが、そうでない人には逆に苦痛や失敗体験になってしまうこともあります。

そういう人には、良かったことを三つ思い出して書くとか、将来の理想の自分について書くといった、一人でできる課題が向いているでしょう。

一人で思索的に取り組むのがいいのか、それとも人と交わったり行動したりすることに元来

喜びを感じているかなど、その人に合った方法を選択する必要があります。

そのこととも関係しますが、方法をこちらが選んで決めてしまうよりも、本人に選択してもらった方が効果的だとされます。その効果がどのくらい有効かを知った上で取り組めば、さらに効果は高まります。

また、専門家の助けを借りずに一人で取り組むこともある程度有効ですが、専門家のサポートを受けながら行った方が、やはり効果が得られやすいようです。そのサポートも、継続的であればあるほど、持続的な効果が得られやすいとされています。

家族や友人の支えが得られやすい人では、効果が高いこともわかっています。そうした支えが乏しいと、効果が出る前や、一時的に改善していても状態が下降したときにドロップアウトしてしまいやすいのです。

後で見ていくように、実際には家族や友人から支えが得られるかどうかはもっと本質的な問題と直結していて、改善を妨げてしまうこともあるかもしれません。

二分法的認知の克服

先にも触れましたが、ポジティブな認知を高めようとするときに一つ気をつけておかねばならないことは、ただひたすらポジティブであればいいというわけではないということです。ポジティブすぎることは逆に危険で、大失敗を招いたり、深い落ち込みの前兆だったりします。ネガティブな部分も必要であり、ほどよさが大切ということです。

ネガティブなことにも良い点を見つけることが大事なように、ときには、すべてが良いように思えることにも悪い面を考えてみる必要があります。物事にはすべて両面があるのですから、全部が良いように思えるときというのは何かを見落としているのです。

ポジティブであることよりも、二分法的な認知を克服し、ポジティブかネガティブかのどちらか一方に偏らない認知を育むことがより大切なのです。

そのための練習として常々使うことが多く、しかも効果的な方法を次に紹介します。

良いところ探しのエクササイズ

強い自己否定や生きづらさを抱え、死にたいという気持ちにつきまとわれ、自傷や自殺企図を繰り返す状態に、境界性パーソナリティ障害があります。その治療に有効な数少ない心理療法として知られているのが弁証法的行動療法で、その治療法の一つの柱となっているのが「ヴァリデーション戦略」です。

ヴァリデーション（認証）の考え方や方法はとても有効なので、他の領域にも広く取り入れられています。たとえば、認知症の人の介護や支援においても、病状の進行を遅らせたり、生活機能の維持やメンタル面の安定に有効とされます。

ヴァリデーションとはどういう考え方かと言うと、ありのままの現状を受け入れ、肯定するということです。そのために、できない点や悪化した点にばかり目を向けるのではなく、良い点やできることに目を向け、そこを肯定的に評価するようにするのです。

良いところ探しのエクササイズは、困ったことや悪いことが起きたときこそ取り組むチャンスです。物事がうまくいっているときは、誰でも肯定的な感情や考え方をもちやすいものです。その真価が問われるのは、うまくいかないことに遭遇したときです。その意味で、良くないことが起きたときこそ、訓練の絶好の機会なのです。

許しのエクササイズ

先ほど感謝するエクササイズというのを取り上げましたが、このエクササイズは単に肯定的な認知を増やすというだけでなく、二分法的な認知の克服という面をもっています。むしろそちらの方が大きいと言えるかもしれません。

感謝する行為というのは、さまざまな現実の困難を抱えながらも良い点に目を向け、それをありがたいと思うということです。

最悪の事態に思えたことにおいても、そこから何かプラスの意味を見出して、前向きに受け止めるということが感謝という営みの究極の姿だとすると、それは現状をありのままに肯定するというヴァリデーションと、同じ本質をもつと言えるでしょう。

しかも、単なる頭の中の作業ではなく、心を込めた情動的な営みであるという点で、さらにプラスアルファの要素があるとも言えます。

不思議なことに、境界性パーソナリティ障害から回復し始めた多くの人が異口同音に口にするようになるのが、自分を支えてくれた人への感謝の気持ちです。感謝を口にできるようになることで、さらに周囲の人との関係も良くなり、安定を増していくという好循環に変わっていくのです。

もちろん、そこにたどり着くまでには長い道のりが必要で、多くの支えと、その人自身の気づきを必要とします。その意味で、感謝のエクササイズにすんなり参加できるということ自体が、あまり苦悩を抱えていないということの表れにも思えます。心が傷つき、二分法的な認知に陥りやすい人には難しい課題なのです。効果が出ない人が一定割合いたということですが、そうした困難を抱えていて、本気で取り組むことを避けたためかもしれません。

その意味で、これから紹介する許しのエクササイズは、もっと難易度が上がるかもしれません。しかし、それが少しずつでも実践できるようになると、ぐんと楽になるはずです。

許しのエクササイズは、究極のヴァリデーションと言えるかもしれません。自分が傷つけられたことや不快な目に遭ったときのことを思い出し、相手を許すという取り組みです。

許すという気持ちになるためには、相手の事情や気持ちも考えなければならないでしょうし、自分の傷ついた思いや怒りを乗り越える必要もあります。それはとても難しいことですが、「許そう」「許します」と心の中でつぶやくことによって、何かが変わるのです。

第二節 振り返りの力を養う

第三者の視点をもつ

前のセクションでは、肯定的な感情や受け止め方を増やすとともに、二分法的な偏りを脱し、バランスの良い認知をもつためにトレーニングに取り組みました。通常レベルの苦痛や悩みであれば、それだけでかなり気分が良くなり、状況が改善に向かうきっかけをつかみやすいことでしょう。

しかし、過敏な傾向が強かったり、深い傷を抱えていたり、困難な状況に身を置き続けなければならないという場合、肯定的な感情やバランスの良い見方をもつということはそう簡単なことではありません。激しい怒りや憎しみにとらわれ、人間も世界も呪いたい気持ちになってしまうこともあると思います。前向きになるよりも、むしろとことん後ろ向きになって、自分も相手も滅ぼしてしまいたいと、そのことが唯一の望みのように感じることだってあるでしょう。

そうしたレベルの苦難や偏りを抱えた人には、ポジティブ心理学ではなかなか乗り越えられないというより、その取り組み自体を受け付けないのです。

そこで必要になってくるのは、その前の段階の訓練になるのですが、自分の視点を脱するということです。自分のことを第三者的な目で眺められるようにならないと、自分を傷つけた人を許すなどということは絵空事にしか思えないのです。

自分から距離をとる技術を身に付け、第三者のように自分や周囲の状況を見つめることができるようになって初めて、自分を苛《さいな》んでいる苦痛から自由になり、もっと客観的に物事を眺めることも可能になるのです。

その際にも、大きく二つの段階があるとされています。一つは、メタ認知を鍛える段階です。メタ認知とは、認知（物事の見方）の認知です。何かを感じたり考えたりしている自分の感情や思考を、第三者のように見て、感じたり考えることとです。振り返りと言ってもいいでしょう。

「この絵の道化師の顔は悲しそうね」というのは、一つの物事の見方であり、一つの認知だと言えます。それに対して「自分がこの道化師の絵を見て悲しそうだと感じるのは、もしかしたら、そこに自分自身の姿を見ているからかもしれない」と思うことは、自分の認知についての認知であり、メタ認知によるものだと言えます。

メタ認知によって、人は自分をある程度客観視することができるわけです。それによって自分の視点から少し離れて、他者視点で物事が見えるようになり、さらには世界を俯瞰《ふかん》するように、自分に起きていることを理解し、受け止めることにもつながっていきます。

信頼している上司の厳しい一言に傷ついてしまったときも、自分の視点を離れて、その状況を客観的に見ることができれば、上司はただ仕事のことで真剣に注意してくれただけで、自分を傷つけようとしたわけではないのだと受け止めることもできるでしょう。

メタ認知の能力を高めることによって、状況に飲み込まれて傷ついてしまうことを防ぐことにもつながるのです。メタ認知の代表的な訓練の方法が、認知（行動）療法です。

メタ認知の訓練によって、ある程度自分を客観視することができるようになったとき、最終的に目指す境地が「観照」の段階です。観照とは、自分の視点にとらわれず、自由で大きな視野から物事を見ることです。それは容易にたどり着ける境地ではありませんが、そこまでいかなければ、抱えている苦しみを乗り越えられないという場合もあります。

それは、かつては宗教的な方法でしかたどり着けない境地だったわけですが、一般の人でも取り組みやすい方法として近年普及しているのが「マインドフルネス」です。

このセクションでは、メタ認知を変えることで過敏性や傷つきやすさを克服する方法や、さらにはとらわれや恐れから自由になるための方法について見ていきたいと思います。

「心頭を滅却すれば、火もまた涼し」はやせ我慢？

「心頭を滅却すれば、火もまた涼し」という名文句は、臨済宗恵林寺《えりんじ》の禅師、快川紹喜《かいせんじょうき》が織田信長の焼き討ちに遭ったとき、弟子たちの前で語った言葉だとされています。快川禅師は、弟子たちとともに焼死を遂げます。単なる言葉ではなく、実際に最期を前にして語られた言葉だけに重みがあります。単なるやせ我慢では、こういう言葉は出ないものです。

それにしても、過敏さに苦しむ弱い存在にとって、このような境地に至ることには敬意と憧れを感じずにはいられません。この境地までは至れないにしろ、もう少し過敏さや苦痛を和らげ、恐怖や不安から自由になることはできないものでしょうか。

火で焼かれることはないにしても、それに匹敵するような苦痛を味わいながら、日々過ごしている人もいます。さまざまな原因で起きる難治性の疼痛です。こうした難治性の疼痛の治療にも使われるのが、認知行動療法です。

認知行動療法は、うつや不安の改善だけでなく、痛み止めも効かないような痛みにも効果が期待できるのです。もちろん、過敏な傾向を改善するのにも有用な方法です。

悪い考えを良いものに置き換える

どうやったら、そんな魔法のようなことができるのでしょうか。実は、それは魔法とは正反対の、地道で小さなステップの積み重ねによるのです。

認知行動療法の基本原理は、認知、感情、行動の三つが結びついていて（図2／「認知の三角形」と呼ばれたりします）、そのどれかを変えると、他のものも変化するということです。

図2　認知の三角形

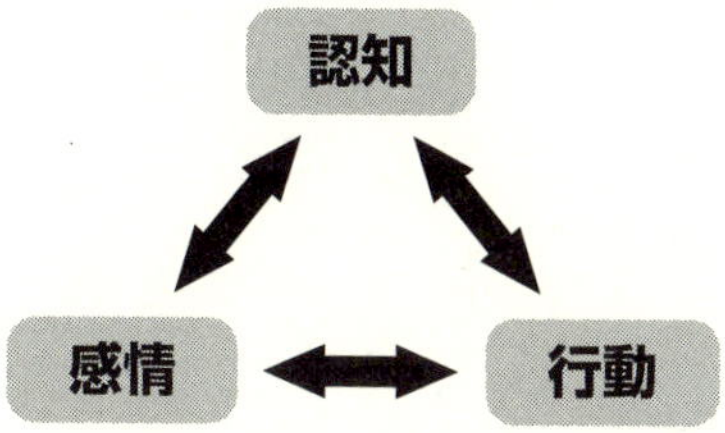

認知行動療法では、通常、認知を変化させることを重視しますが、行動を変化させてもいいわけです。状況を悪化させている認知（物事の受け止め方）の癖に気づき、それをもっと楽になれる受け止め方に変えたり、改善に役立つ行動を増やし、妨げになる行動を減らすことに取り組んでいくのです。

別の言い方をすれば、病気を作り、悪化させている悪い習慣を少しずつ減らし、健康につながる良い習慣を増やす学習やトレーニングだと言えるでしょう。

実際、認知行動療法では、勉強的な要素や訓練的な要素が大きな割合を占めます。痛みのメカニズムについて学んだり、どういう心理的な要因が痛みを悪化させてしまうのかについて勉強します。自分を苦しめているものの正体について知るところから始めるのです。ただ苦しみ、もだえ、恐れる代わりに、そのメカニズムや原因、対処法について学ぶことにより、不安や恐れが減り、向き合いやすくなるのです。

痛みは、それ自体の苦痛だけでなく、自分ではどうすることもできないという無力感や、やりたいことややらなければならないことができなくなってしまうというもどかしい思い、いつまでこの状況に耐えねばならないのかという見通しのなさといった要因によって、さらに増してしまいます。

そうした考えが、痛みをよけい耐え難いものにしているということを学ぶと、そうした考えに陥ることが減っていきます。もっと役に立つ考え方を取り入れるようになります。たとえば、痛みは注意サインで、それによって無理をしないように休ませてくれているのだと考えることもできるでしょう。また別の面に着目して、痛みや苦悩は、ただその人を苦しめているのではなく、しばしばその人の精神を高める作用をもつと考えることもできるでしょう。

実際、激しい痛みや苦悩の中で、創造的な仕事が成し遂げられることもあります。嵐がやってきたからといって絶望する必要はなく、ただ通りすぎるのを待てばいいと考えることもできるでしょう。こうして、痛みそれ自体よりも、それに付随して広がっているマイナスの考えを減らすことに取り組むことで、悪循環を止めることができるのです。

他の人の言葉や態度に傷つけられたことによる心の痛みに対しても、同じ原理が使えます。ただ傷ついた思いに苦しむのではなく、なぜそうした痛みや苦しみが起きるのかについて、そのメカニズムとともに対処の仕方を学ぶのです。本書のような本を読むのも、その意味で、認知行動療法なのです。

傷つけられる体験を、ただ不快なこととだけ考えずに、何か大切なことを教えてくれていると考えることもできるでしょう。実際、どんな体験も真摯に向き合えば、必ず何か学ぶことがあります。理不尽に思えた出来事にも大抵、何か意味があるのです。

そう考えることによって、苦しみは単なる苦しみではなくなり、学ぶ機会を与えてくれているのだと、まったく違う視点で受け止めることができるようになります。

救いのないような体験でさえ、自分を成長させるために与えられた試練だと考えることもできます。過酷な体験を生き延び、しかも、生き生きとした精神を保つことができた人たちは、しばしばそうした意味づけを行うことで試練を乗り越えたのです。

自分が相手と入れ替わるエクササイズ

人から傷つけられるような体験をしたとき、その痛みゆえに、誰でも怒りや悲しみにとらわれ、傷つけられたという自分の状況しか見えなくなってしまいます。しかし、自分の視点にとらわれることで、よけいにそこから脱しにくくなるのです。

苦痛から自由になるために本当に必要なのは、自分の視点にとらわれるのではなく、そこを脱し、自分のことを、第三者的な目で眺められるようになることです。

その訓練として効果的なのが、自分が相手だったらどうか、想像してみるというエクササイズです。最初は簡単ではないですが、そうした視点の切り替えができると、あなたも禅師のような自由闊達《かったつ》な視座に一歩近づけるでしょう。

苦悩が耐え難い理由とは

痛みや苦悩が耐え難い理由の一つは、それが自分の意思や力では取り去ることができないことに起因しています。痛みは自分の意思とは無関係に取りついてきて、あなたを苦しめます。騒音や苦手な匂いも、うわさ話や悪口も、それが耐え難くなるのは自分でどうすることもできないときです。

誹謗《ひぼう》中傷に傷ついてしまう人は、不当な悪口や非難の内容に怒りと悲しみを覚えるでしょうが、さらにその苦痛を増してしまうのは、それをこちらはどうすることもできないという無力感にとらわれることによってです。

小さな子どもの頃であれば、嫌なことを言われれば先生に言いつけて、それを言った子どもに注意してもらい、謝ってもらうという「正義」を期待できたかもしれません。

しかし、もう少し大きくなれば、そんなことをしたら後でしっぺ返しを食らい、誰も遊んでくれなくなるということを学ぶことになるでしょう。

どんな理不尽なことも、上司や顧客の口から出れば、笑って聞き流すしかないのです。これもまた、自分の意思では取り去ることのできない痛みであり、慢性の疼痛に苦しめられている状態と同じです。

何か大きな失敗をし、周囲に迷惑をかけ、上からも叱られ、すっかり自信をなくして傷ついている状態を思い浮かべてください。その人が落ち込んでいるのは、失敗してしまったという事実もさることながら、その失敗を取り返しがつかないと思っているからで、それがさらにダメージを長引かせているのです。

失敗しても取り返せると思っていれば、そのことをあまり引きずることはないでしょう。野球の試合でエラーをしても、次の回にヒットを打てば、失点を帳消しにできます。ところが、挽回する間もなく、自分のエラーでサヨナラ負けになったとしましょう。もう取り返すこともできないという思いに打ちひしがれ、ダメージは強まり、尾を引きやすくなります。

取り返すことができないと思った瞬間に、その失敗はもう取り去れない痛みとなって、その人の心に突き刺さってしまうのです。

苦痛な出来事がその人の心を蝕んでしまうのは、それが取り去れない痛みとなることによってです。取り去れないことでよけいに痛みから逃れられないだけでなく、逃れられないという絶望感によって、さらに苦痛が増してしまうのです。

では、どうすればいいのでしょうか。

禅の考え方と認知療法のミックス

「心頭を滅却すれば」の快川紹喜は禅寺の住職で、武田信玄が帰依したほどの名僧だったようですが、禅の考え方と欧米の認知療法が結びつき、新しい心理療法を生み出しています。

弁証法的行動療法、マインドフルネス認知療法、アクセプタンス&コミットメント・セラピー（ACT）などですが、それらに共通する考え方の一つは、ありのままに受け止め、それと戦わないということです。

取り去ることのできない痛みに対して、それを何とか取り去ろうともがくのではなく、そのままに放っておくという発想です。禅が得意とする達観と逆転の発想がそこにはあります。陰が極まれば自《おの》ずと陽に転ずるという大局観で物事を見て、今起きている流れにあくせく逆らわない。放っておけばいずれ流れが逆転するという見方で、どんな悪いことも他人事《ひとごと》のように眺めているというスタンスです。

しかし、われわれ凡人には、言うは易《やす》く行うは難しで、目の前にある苦痛や恐怖、不安といったものを、そのうちなくなるだろうと高をくくって傍観しているなどということは、なかなかできない相談です。過敏な傾向を抱えている人では逆に過剰反応して、事態を悪化させるということもしばしばです。苦痛や恐怖、怒りや苛立ちにとらわれると、冷静な視点などどこかに飛んでしまいます。

その境地にいきなりたどり着けるものではなく、根気のいる訓練が必要なのです。禅僧がどのように修行するかを考えれば、それが容易な道ではないということはわかるでしょう。朝早くから掃除やお勤めをこなし、何時間も座禅をするという日々が何年も続くわけです。禅師から公案を出され、答えが甘いと、いきなり打ち据えられ、極限的な状況にまで追い詰められます。夏目漱石も、禅寺に泊まり込みで修行のまねごとをしたようですが、その厳しさに尻尾《しっぽ》を巻いて退散したようです。

そうしたハードルの高さもあって、せっかく禅という優れた文化をもちながら、庶民には一休さんの話の世界でしかなくなってしまっていました。

アメリカ人の優れたところは、どんな高尚なものでも大衆用に作り替えてしまうという芸当がうまいことです。日本人にもわからなくなっていた禅のエッセンスを、自分たちが得意とする心理療法の技法と組み合わせて、誰にでも使えるものにしてしまったわけです。中でも大成功を収めているのが、マインドフルネスです。

マインドフルネスはなぜ有効なのか

マインドフルネスは過敏性への対処法としても、とても有効な方法です。不安や苦痛を何とかしようとして戦うのではなく、そのまま受け入れ、流すというのが基本スタンスです。苦痛や不快さ、不安感や怒り、悲しみといったネガティブな感覚や感情は、しばしば空に浮かぶ雲にたとえられます。雲を無理やり取り去ろうとしても、誰にもそんなことはできず、無力感に打ちひしがれ、よけいつらくなるだけです。そんな無駄なことにあくせくする必要はなく、放っておけば雲は勝手に流れていくのです。ただ流れるままにしておけばいいのです。

しかし、実際のところ、過敏になっている状態のときには、気になっていることばかり頭に浮かんでしまうという悪循環に陥りがちです。流そうと思っても、そこにじっと動かずにあって、その人を苦しめ続けていることが頭を離れてくれません。放っておこうとしても、気が付いたらまた考えてしまい、堂々巡りが続いてしまうこともしばしばです。

この無間《むげん》地獄のような状態から、どうしたら抜け出せるのでしょうか。そこで役に立つ強い武器が、呼吸と身体感覚への注目なのです。マインドフルネスがとても有効な方法となり得たのも、この武器があったからこそです。

呼吸とは不思議な現象です。眠っていても、自律神経の働きにより勝手に呼吸は維持されます。しかも、心拍や発汗や腸の運動だと、自分の意思でコントロールすることはヨガの行者でもなければできませんが、呼吸は自分の意思で調節することもできます。

つまり、意識的に制御できる運動神経と、自動的な調節がなされる自律神経の両方の接点となっている現象なのです。

先人たちも早くから呼吸というものの特殊性に着目し、呼吸を整えることによって、心身を整えることができるということに気づいていました。

同様に、身体感覚も、自律神経と知覚神経が交わるところに現れる現象です。身体感覚には自律神経の働きが映し出されます。そして自律神経の働きには、精神的なストレスや不安、恐怖、怒り、喜びといった情動的な興奮が反映されています。身体感覚を見守ることで、われわれはそれを鏡として、自分自身の状態を客観的に見つめることができるのです。

呼吸に注目しながら瞑想するという作業と、身体感覚を味わうボディ・スキャンという作業を基本的なワークにすることによって、初心者の人でも比較的取り組みやすく、効果も出やすいのです。

ただ過敏な自分を苦しめている苦痛から距離をとり、流れるままにしなさいというだけでは距離をとることも流すことも難しいのですが、不安や苦痛の方に注意がそれたら呼吸や身体感覚に注意を戻しなさいと、向かうべき対象がはっきり示されることで、ぐんと取り組みやすくなるのです。

三分間呼吸空間法を活用する

通常マインドフルネスは、ワンセットに三十分程度の時間をかけて行いますが、忙しい人にとって三十分の時間をかけることは、なかなか難しいと言えます。その場合、お勧めなのは「三分間呼吸空間法」と呼ばれる簡易な呼吸瞑想法です。呼吸空間法と訳されていることが多いのですが、元の英語は、3-minutes breathing space meditation で、breathing space とは、「呼吸空間」という仰々しいものではなく、「息抜き」のことです。つまり、三分間息抜き瞑想法と言った方が本来の意味に近いかと思われます。

まず、背筋を伸ばして座り、軽く目を閉じます。

最初の一分間は、自分の心の状態を感じます。不安や苦痛、怒りや悲しみといったことも、どうにかしようとはせずに、ありのままに感じ、観察するだけです。

次の一分間は、呼吸に目を向けます。空気が鼻から入ってきて、気管を通り、肺に吸い込まれていくときの感覚に目を向け、味わいます。胸やおなかの動きを感じます。過呼吸になりやすい人や呼吸に過敏な人では、おなかに手を当てると良いでしょう。手のひらでおなかの動きを感じることで、呼吸をコントロールしやすくなります。気持ちや感覚をコントロールするのは難しいですが、呼吸は自分の意思で整えることができます。その場合、ポイントはしっかりと空気を吐き出すことです。十分時間をかけて、ゆっくりと空気を吐き出すのです。深くゆったりとした呼吸を心がけてください。

最後の一分間は、体の感覚に目を向けます。足先から膝、腿《もも》、お尻、おなか、背中、腕、肩、首、顔、頭というように、下から順番に体の状態をスキャンする方法を「ボディ・スキャン」と言います。一分間という時間では、そこまで丁寧にスキャンすることはできませんが、大まかに足からおなか、肩や首、頭と、感じていくといいでしょう。感じながら、体の部位を少し動かすのも良い方法です。リラックス効果が高まります。

息を吐き出しながら、ゆっくり目を開けて、終了となります。

短い時間ですが、気持ちを整えるのにとても効果的です。気持ちがいっぱいいっぱいになりそうなときに活用してください。

過敏な人では刺激が過負荷になりやすいわけですが、マインドフルネスは刺激や情報入力を減らし、定常状態に戻すのに有効な方法だと言えます。

行動を変化させる技法

マインドフルネスの例でもおわかりいただけるように、認知だけを変えるというのは意外に難しいものです。心に余裕があるときには客観的に振り返ることもできますが、疲れてぎりぎりいっぱいのときには、前向きな考え方をしたり、別の視点から物事を見たりするということはなかなかできません。

こういうとき、「認知の三角形」（215ページ、図2）を思い出してください。感情は認知とも結びついていますが、行動とも結びついています。

嫌な気分にとらわれてしまったとき、考え方を変えるのが困難な場合でも、行動を変えることによって感情を変化させることもできるのです。

つまり、切羽詰まっているときには、頭で考えることよりも、体を使うことが役立つのです。こんなときには、こういう行動をするというルーティンや対処行動を決めておくと、気持ちを切り替えたり、有害な行動を防ぐことにつながります。

三分間呼吸空間法も、そういう方法の一つだと言えるでしょう。気持ちがむしゃくしゃしたら、散歩をしたり、机の上を片付けるというのもいいでしょう。トイレにこもって三分間呼吸空間法をしてもいいですし、冷たい水で顔を洗ってもいいでしょう。

過敏性によって行動が制限されたり、引きこもってしまうということも、よくある問題です。

対人関係に消極的になったり、人前に出るのを避けたりすることもあります。学校や職場に対して苦手意識をもつと、登校や出社が困難になることも珍しくありません。苦手な先輩や上司の顔を見るのが嫌で、朝起きられなくなることもあります。

こうした過敏な状態を改善しようとするとき、いくら頭の中で考えて、行くと決意しても、いざ行動という段になると足がすくんでしまい、駅の改札まで行ったところで気分が悪くなって引き返してしまうということも起きます。

そういう場合、学校に行く、会社に行くというところだけを目標にしてしまうと、行動は変化しにくくなってしまいます。むしろ中間の段階や別の目標を作り、それに取り組んだ方が得策なのです。

たとえば、学校や職場ではなく、まず部屋の掃除をすることを目標にするのです。それができたら、次に机の前に座って一時間、課題をやることに取り組みます。それがクリアできたら、次は図書館に行って、そこで一時間過ごすことを目標にします。さらに、机に向かう時間や図書館で過ごす時間を増やしていきます。

さらに次の段階では、学校や職場の近くまで行き、そこから引き返してくるようにします。教室や自分の部署ではないところで、一時間ほど過ごして帰ることを繰り返したり、学校の先生や友人と教室以外で会ったり、職場の上司と電話で話したり、仕事以外の時間に職場で面談してもらったりというように、少しずつ負荷を増やしたり、変化を加えていくのです。

場合によっては、学校や職場復帰という目標にこだわらず、学生であれば、アルバイトをして働き出したり、会社員であれば、転職のために就活をしたり、職業訓練を受けたりといったことが復活を促進することになります。

何年も引きこもっていた人や外に出るのも難しかった人が、働けるところまで回復する過程でとても有用なのは、家事をすることです。ことに掃除や料理をすることが役に立ちます。

著者のところでは、今も何人もの人に、料理に取り組んでもらっています。料理はとてもいい脳の訓練で、料理ができる人は大抵働けるようになります。

目標を小さく刻むとともに、最終的な目標のことはいったん忘れた方がいいでしょう。今その人にできる行動を探して、それを目的化し、小さな変化を積み重ねていくというのが大きな変化を生む基本原理なのです。

いくら自信をもちなさいとか、前向きになりなさいと言ったところで、なかなか行動の変化にはつながりにくいのですが、小さな行動の変化を導いていくと、何も言わなくても自信が回復し始め、考え方が少しずつ前向きに変わり始めるのです。

主体的な関与が苦痛を減らす

ガンにかかったとき、自ら治療法について調べ、積極的な選択や関与を行った人は、受動的に与えられた治療を受けた人よりも予後が良好であることが知られています。五年生存率が数%というような難しいガンもあります。そういう場合、生き残っている人は、生き残ることを信じて自ら積極的に闘病した人たちに多いのです。

同じような苦痛を伴う体験も、自らがそれを選び決めたのであれば、大して苦痛ではなくなるのです。

その原理を取り入れたのが、新世代の認知行動療法であるACTに基づいた、慢性疼痛の治療プログラムです。痛みの治療なのですが、そのプログラムでは「人生において何が重要だと思いますか」と問いかけます。その問いと痛みにどういう関係があるのかと、最初は怪訝《けげん》に思います。ところが、大ありなのです。

「痛みや苦しみを避けるために、自分が大切にしていることから遠ざかっていることはないですか」と問いかけられたとき、多くの人は思い当たることがあるはずです。

そして初めて、このプログラムが目指しているものが何か、理解し始めます。痛みがあろうと、人生の価値を失わず、機能を高めていくということ、そして人生のチャレンジやそれに伴う不安や苦痛から逃げないこと、それこそが大切だということを学ぶのです。

それまでは痛みが主人で、その奴隷状態になっていたことに気づくのです。そこで、これからは痛みがあろうと、自分が人生の主人であろうとするのです。その主客の逆転を起こすことこそ、このプログラムの真の目的なのです。そうなったとき、症状だけでなく生活の支障の軽減という点でも、薬物による従来の治療法よりもはるかに高い効果が得られることがわかっています。

第三節　安全基地を強化する

心理学者ハリー・ハーロウが見出したこと

最後は、安全基地の機能を高めるということです。本論に入る前に、安全基地の存在がどれほどの違いを生むのかについて、ある有名な研究を紹介したいと思います。

アメリカの心理学者ハリー・ハーロウは、実験用の動物を買うお金がなかったため、自分の実験室で子ザルの飼育を始めました。ところが、このことが、彼に思わぬ困難と大発見をもたらすことになります。

子ザルの飼育は困難を極めました。栄養や温度管理をいくらきちんとしても、子ザルはまともに育たなかったのです。

早く死んでしまうか、生き延びても生気に欠け、ぼんやり座り込んだまま体をゆすったり指を吸う行為をただ繰り返すばかりでした。他の子ザルと一緒にしようとすると、強い拒否反応を起こしてしまいました。

あるとき、床に敷いてある布にしがみついて離れない子ザルを見たハーロウは、布を巻きつけた人形を作ってみました。すると子ザルは、ほとんどの時間をその人形にしがみついて過ごすようになったのです。掃除をするのに、少しでも人形から離れないといけないときには、大騒ぎでした。明らかに愛着が形成されたのです。

何の世話もしない人形につかまっているだけでしたが、子ザルの発育や反応は明らかに良くなりました。ついでに、布ではなく、針金を巻き付けた人形も作ってみましたが、針金の人形は哺乳瓶がとりつけてあったにもかかわらず不評でした。

その後、人形を天井からつりさげて、子ザルが動くと人形も揺れるようにしてみたところ、子ザルは一段と元気になり、安定を増しました。犬と一緒に過ごさせると、さらに周囲とのかかわりが増え、情緒的な安定も改善したのです。

ハーロウの一連の研究は、驚くべきことをわれわれに教えてくれています。それは、母親の存在が、成長し、生きていく上で不可欠だということです。しかし、それは必ずしも完全な母親である必要はなく、不完全な形であれ、その機能が一部でも補われることによって、生存の面でも発達や情緒的安定の面でも大きな改善がみられたということです。

母親の機能とは何でしょうか。第一の機能は、一日中ぴったりとくっついていられる、安全で、心地よい存在であることだと言えるでしょう。そして、第二の機能は、自分の反応に応えてくれるということなのです。もちろん、世話をしてくれたり、共感してくれたり、慰めてくれたりといった機能があれば、どんなにかいいでしょうが、最低限の役割として、第一、第二の機能が、生存と発達のために必要なのです。

第一、第二の機能は、安全基地としての最低条件だとも言えるでしょう。それが与えられないとき、まともに育つことは難しくなるのです。

ハーロウの子ザルたちは低登録で、かつ過敏な傾向を示していますが、それは、重度のネグレクトを受けた人間の子どもの様子とも重なります。そんな不利な状況にあっても、柔らかで抱き心地を良くしたり、応答性をもたせたりして安全基地の機能を高めることは、過敏性を含めたさまざまな機能に改善をもたらす可能性があることを示していると言えます。

過敏性ともっとも深く結びついているもの

この章の最初に述べたように、安全基地がうまく機能しているかどうかは、その人の過去の境遇が過酷だったかどうか、正確には過酷だったとその人が感じているかどうかよりも、また認知がポジティブかネガティブかよりも、ずっと高い結びつきを示したのです。肯定的認知を増やし、二分法的認知を減らすことによって過敏性が低下するように、安全基地機能を高めることによって、過敏性がさらに大きく改善することが期待されるのです。

実際、日々の臨床で目にしていることは、まさにそのことを裏付けているのです。心に傷を負っていたり、不安定な愛着を抱えた患者さんが、大きく調子を崩すことがありますが、大抵その人自身に何かがあったというよりも、その人の親や支えてくれている人、上司といった重要な存在との間に何かがあったときです。

奇妙なことですが、患者さん本人を一生懸命診るよりも、支えになってくれている人の大変さを受け止めたり、本人の状態を理解してもらったり、接し方についてアドバイスしたりすることを増やした方が、状態の改善にも効果的なことが多いのです。なぜなら、本人にとって最重要なのは、親やパートナーに愛され、周囲の身近な存在に受け入れられるということなのですから。親やパートナーやその人にとって重要な存在が安全基地としての機能を取り戻せば、もはや病気になる必要さえなくなっていくのです。

安全基地機能を強化することが、過去の境遇や認知の問題を超えて、過敏性の改善につながるという事実は、大きな希望をわれわれに与えてくれます。

実際、回復する前と後で、患者さんの愛着の安定性を比較した研究によると、病状の回復と愛着の安定性は並行して起きているということです。

多くの事例において、筆者が経験してきたことは、回復より少し先だって、愛着の安定化が認められるということです。こうした傾向は、回復が困難なケースにも認められました。

大抵は、その人に一生懸命かかわった治療者や支援スタッフとの間で愛着の安定性が高まり、表情が和らぎ始めると、間もなくそれ以外の面でも改善が起き始めるのです。

表情が和らぐというのは、精神医療の世界では、とても重視される回復の兆候です。表情は過敏な神経や心をよく反映しています。表情が和らぐということは、過敏性も和らぐということに他なりません。

医療スタッフやカウンセラーが臨時の安全基地となり、そこで安定した関係が育まれていくと、それを足掛かりにして、非常に悪化していた親との愛着関係の改善へと結びつくこともあります。絶望的だった親との関係が良くなることで、劇的な改善が認められることも、よく経験することなのです。

とても傷つきやすく、周囲はみんな敵とみなしていたような人が優しい素顔を見せ、回復軌道へと向かい始めるのは、例外なく、愛着の安定化が起き始めてからなのです。

愛着を安定したものにする働きかけ（「愛着アプローチ」と呼んでいます）は、ほとんどあらゆる症状や問題行動の改善に有効です。死ぬしかないと思っていた人さえ、生きようとして大学受験の勉強をしたり、専門資格をとろうと学校に通い始めたりするのです。

しかし、愛着関係ほど、自分では扱いにくいものもないと言えます。愛着関係がこじれたケースでは、本人の問題というよりも、親やパートナー（ときには上司）の方にも愛着や発達の障害、それと結びついたパーソナリティの偏りが認められることが多く、専門家でも、本人よりそちらの対応の方に手を焼くことも珍しくありません。

ことに相手が親である場合、子どもは幼い頃から、その親に幾重にも支配され、コントロールされて育ってきたので、その呪縛を解くことも、ましてや、その親と安定した関係を築き直すことも至難の業なのです。

本気で変わろうとして、短期間に劇的な変化がもたらされるケースがある一方で、専門家の根気強い介入があっても、一向に変わろうとしない親やパートナーもいます。そうしたケースでは、子どもや配偶者は苦しい立場に置かれ続けます。

いったいどうすれば、そうした行き詰まった状況を打開できるのでしょうか。

本書の最後のパートとなるこのセクションでは、過敏性を抱えた人が安全基地を確保し、その機能を高めていく上で何ができるのかについて考えていこうと思います。

それは、過敏性を和らげる方法であると同時に、生きづらさを減らし、自分を生かす幸福な人生を手に入れる方法でもあるはずです。

愛着は相互的なもの

まず、心にとどめておいてほしいのは、愛着は相互的な現象だということです。愛情や世話を注ぐことで、世話を受けた人は、世話をしてくれた人に対して愛着をもつようになりますが、世話をした方も、相手の存在を大切に思うのです。

逆に、相手のことを軽くあしらったり、いらだったり、不満ばかり感じているとき、相手も同じように感じ、あなたに心からの信頼を寄せなくなっていきます。あなたの機嫌をとるかもしれませんが、それは本心からではなく、あなたを怒らせないためにそうしているだけです。

本音が語られることはなくなり、偽りの関係だけが続いていきます。「いい子」にしていれば、うまくいっていると勘違いしてしまい、問題に気づいていないことも多いのです。

親子の愛着であれ、パートナーとの愛着であれ、基本は同じです。愛着が不安定になったケースの多くは、かかわり不足によって起き、一部は押し付けや強すぎる支配が原因です。しかし、現実には何が起きているのか、まったく見えていないことが多いのです。相手の非しか見えていないというのが、ほとんどのケースに言えることです。

それを見るためには、これまで見てきたような振り返りの作業が必要です。自分を客観視し、問題が相手の非によって起きているという見方をいったん捨てて、自分の問題として見直してみることも必要なのです。

相手が変わらなければ、もう無理だと考えがちですが、愛着は相互的な現象なので、相手にすべての非を押し付けようとした段階で、改善の見込みは乏しくなってしまいます。相手が変わらなくても、自分の態度や考え方を変えれば、改善の可能性は高まるのです。

ただ、過敏な人では二分法的認知に陥りやすく、自分がとらわれた視点を脱することが難しいのです。だからこそ、第一節と第二節で見てきた取り組みにより、自らをトレーニングすることが必要なのです。それを積み重ねていく中で、少しずつ切り替えができるようになるのです。そして、自分を苦しめているものが、自分が敵だと思っている相手ではなく、自分自身が抱えている課題だということに気づくようになるのです。

安全基地を失わせているのは自分自身かもしれない

相手が安全基地となってくれないとき、そのことを嘆いたり、相手を責めたりということになりがちです。しかし、愛着という仕組みは相互的なものですから、相手に安全基地になってほしかったら、自分が相手の安全基地になるように努力するのが一番近道なのです。

現実には、せっかくの安全基地を破壊するような対応ばかりしてしまいがちです。その代表は、相手のできていないところやダメなところばかり言い立て、責めてしまう対応です。

人は誰であれ、責められると防衛本能が働きます。自分を責めてくる相手に共感するよりも、自分を守ることの方に注意やエネルギーが向かってしまうのです。

三十代後半のF子さんは最近、旦那さんとぎくしゃくしています。ついこの間も、些細なことから大げんかになってしまいました。パソコンの調子が悪いので見てほしいと言ったのですが、旦那さんは、F子さんが独身時代パソコンのインストラクターをしていたことを持ち出して、「インストラクターをしていたのだから、それぐらいできるだろう」と冷たく言ったのです。インストラクターをしていたのは、もう十年も前のことで、すっかりOSも変わっています。できないとわかっていて、そう言われたことで、F子さんのプライドは傷つき、爆発してしまったのです。

なぜ、あんな意地悪な言い方をしないといけないのかと思うと、今も腹が立ちます。F子さんがひとしきり怒りをぶちまけた後で、筆者はこんな質問を投げかけてみました。

「旦那さんの突き放すような発言は、もしかしたら旦那さんも同じように感じていて、その仕返しをしたのかもしれませんね。何か思い当たることはないですか」

するとF子さんは、はっとしたように顔色を変え「あります」と答えました。

「私も最近、夫には自分のことは自分でやってもらうようにしていますから」

そう言って、この一、二年の間に、お弁当を作るのも、車で駅まで送迎するのも、夫の洗濯物を畳むのもやめて、自分でしてもらうようになったことを話しました。子育てを理由に、夫の身の回りの世話をするのをどんどん減らしていたのです。しかし、夫を当てにすることは以前と同じか、むしろ増えていて、それをやっていないとイライラしてしまうということでした。

「旦那さんは、奥様から優しくされていると感じられているでしょうか？」

F子さんは、一つため息をつきました。

「夫が優しくなくなったと夫ばかり責めていましたが、優しくなくなったのは、私の方が先だったのかもしれませんね」

と、しみじみ振り返ったのです。「少し夫にも優しくしてみます」と、むしろ希望が見えたように、顔を明るくほころばせたのでした。

人はとかく、自分の思いしか見えないものです。相手が冷たくなった、優しくなくなったと怒りや嘆きを感じ、相手を責め立てたところで、事態はますます悪化するだけです。そこで状況を変えられるかどうかは、自分を振り返ることができるかどうかにかかっています。

自分が冷たくされたことに腹を立てるよりも、自分がその種をまいていないか、振り返ってみることです。そこまで相手にいらだち、怒りをぶつけ、責めてしまうのは、相手に依存し、過大な期待を寄せ、それが裏切られたからではないかと自分に問うてみてください。それは、相手の落ち度というよりも、あなたの過大な期待のせいであったり、あなたが知らず知らず相手にしている仕打ちの結果かもしれないのです。

あなたが、相手が優しくないと憤り責め立てたところで、事態は悪くなるだけです。相手から優しくしてもらうための一番の近道は、あなたから相手に優しくすることなのです。

イライラしたとき、腹が立ったとき、是非自分が相手だったらと、立場を入れ替えて想像してみてください。すると、まったく違う見え方になるはずです。

そうした想像ができることが、自分の視点へのとらわれを脱して、もっと大きな視野で物事を見ることにつながるのです。

相手を全否定してしまう悲しい性

相手に頼っているのに、相手が思い通りに動いてくれないと怒りや不満をぶつけ、攻撃してしまうという反応をする人では、根底に、両価型愛着という愛着タイプを抱えていることが多いと言えます。

両価型愛着は、母親などの養育者に対して本当は甘えたいのに、拒否したり、攻撃したりといった本音と反対の行動をとってしまう愛着タイプです。そんな反応をしてしまうのは、母親の愛情がもっとほしいからです。気を惹く行動として、母親を困らせようとしてしまうのです。

両価型は、愛情のある面と愛情不足な面がアンバランスに存在しているときに、生じやすいと言えます。母親が、とても可愛がるかと思うと、急に突き放したり、無関心で冷たくなったり、といった両極端で差の大きな愛し方をした場合、もっとも助長されやすいのです。

それと結びつきやすいのは、母親の支配です。思い通りの「良い子」のときはものすごく可愛がるのに、自分を困らせる「悪い子」になると、急にそっぽを向いたり突き放したりするといったものは典型的だと言えます。

いわば、無条件の愛ではなく、条件付きの愛です。

親側の条件にコントロールされて育つと、その人自身もいつの間にか、自分の期待通りなら「良い人」と思い、全面的に肯定するけれど、期待と少しでも違うと厳しい評価になり、「悪い人」とみなして全否定するという、全か無かの二分法的な態度を身に付けてしまいやすいのです。

無条件に愛されることを味わえないことで、その人も無条件に愛するということができず、最初は全肯定し理想化するけれども、やがて粗が見えてくると、だまされたと感じ、全否定し始めるのです。

しかし、相手を全否定することほど、人間関係に破壊的なダメージを与える行為はありません。それまでどんなに相手のことを大切に思い、尽くしてきたとしても、怒りに駆られて「あなたなんか最低」「顔を見るのも嫌」「出会わなければよかった」といったことを口にしてしまうと、これまで二人で育んできたものが、すべて虚しくなってしまいます。ところが両価型の人は、そうしたことを半ば本気で、半ば相手を動揺させるために、わざと言ってしまうのです。

そもそもそうしたことを口にするのも、相手の気を惹き、もっと愛してほしいからです。母親にもっと愛してほしくて、駄々をこねる幼子と、その本質は同じなのです。ところが、両価的な態度で相手をときどき全否定するということを繰り返していくと、どんなに盤石に見えた関係も傷だらけになり、やがて破綻へと向かっていきます。どんなに傷つけられても変わらない愛情などというものは存在しないのです。愛着は相互的なものであり、相手に否定や敵意を向ければ、やがて相手も同じ気持ちを抱くようになってしまうのです。

両価型の愛着を抱えている人は、ご自分の傾向をよく自覚して、相手を全否定するような言葉や攻撃を浴びせてしまわないように、気をつける必要があります。

また、両価型の人と接する場合には、相手がたとえあなたを全否定し、地球上で一番憎たらしい存在として攻撃してきたとしても、それをまともに受け取らないことです。その根底には、激しく愛を求める気持ちがあるのですから。

しかし、その瞬間には、その人自身そのことに気づいておらず、心から相手を呪詛《じゅそ》してしまうのです。それが両価型の両価型たるゆえんであり、悲しい性《さが》なのです。

妻へのモラハラを克服した男性

大学の教員をしているWさんは、とても穏やかで理性的な印象の三十代後半の男性です。妻のUさんも、そう信じてWさんと結婚したのでした。しかし、新婚生活も半年ほどたった頃から、Uさんは夫のまったく違う一面を知るようになるのです。それは、頼まれていた書類を夫のカバンに入れ忘れたことからでした。夫に謝る間もなく、帰宅するなり妻の前に駆け込むようにやってきた夫は、「自分のしたことをわかっているのか！」と怒鳴り始めたのです。

Uさんは、おろおろしながら謝る他ありませんでした。自分のしたミスで、夫に迷惑をかけてしまったという思いがあったので、夫が怒るのも無理からぬことだと思ったのです。もう二度と夫をこんなに怒らせないよう、気をつけなければと思ったのでした。

しかし、いくら気をつけていても、ときにはミスや勘違いもあります。そんなとき、普段は穏やかな夫が別人に豹変《ひょうへん》し、その非を責め立てるのです。「おれの仕事を軽く考えていないか。主婦のパートとはわけが違うんだ！」と理詰めでこられると、Uさんに太刀打ちできるはずもありませんでした。妻が泣いて謝るまで、Wさんは許そうとしませんでした。

それでも普段は優しいところもあり、やがて二人の間には子どもができました。教える仕事をしている夫なら、きっといいお父さんになってくれるとUさんは思っていました。

ところが、子どもができると、夫の癇癪とモラハラは、さらにエスカレートしていったのです。妻も、夫の攻撃が常軌を逸していると思い始め、相談機関を訪ねたのです。そのサポートを受けながら、妻は、子どもを連れて夫からいったん離れることにしたのです。Wさんはさらにいきり立ち、怒りのメールを妻のもとに何十通も送りつけましたが、結果的に距離をとったことは正解でした。

次第に冷静さを取り戻したWさんは、このままでは妻も子も失ってしまうという現実を前に、何とかしなければと思い始めたのです。そして自ら、カウンセリングを受けることを希望したのです。

当初は、妻に問題があると考えたがっていたWさんでしたが、一人で暮らし、一人で家事もこなさなければならない中で、妻にどれほどの負担がかかっていたのかを知ることになったのです。彼は、完璧な理想の女性を妻に求めていたのだと自覚するようになりました。それには、Wさんの生い立ちも関係しているようでした。母親は、彼が小一のときに彼を置いて家を出てしまったのです。彼は祖母に育てられていました。祖母は彼を甘やかしましたが、すべてが満たされたわけではなかったのです。

別居して半年になろうとしているとき、Wさんはとてもすがすがしい顔で現れました。自分が妻に過大な期待をしていたことに気づいたと言います。そして、それに少しでも応えてくれないと、自分が求めていた妻ではないような気がして、裏切られたと怒っていたのです。

しかし、それは、本当は妻に対してではなく、自分を見捨てた母親への怒りだったのです。

さらに、その行きつく先にある気持ちにも気づきます。

「自分は何もせずに、妻に救ってもらおうとして、救ってくれないことに腹を立てていたんです。でも、それはおかしいですよね。人に頼るのではなく、自分で何とかするしか、所詮、自分を救うことはできないって、そう悟ったんです」

その気づきが、その後、妻との関係を修復する出発点となったのです。

あなたの口癖が安全基地を壊す

人は思考の癖をもっています。思考の癖は、言葉遣いの微妙な癖となって表れます。自分でも気づかないうちに使ってしまう口癖が、知らないうちにあなたの安全基地を蝕み、あなたを過敏で傷つきやすく、不幸にしてしまっているのかもしれないのです。

たとえば、よくみられる口癖の一つは「ちょっと違う」とか「それは違う」とか、相手の言葉にすぐ異を唱える癖です。九割五分同じことを言っていても、五分の違いにこだわり、「違う」と言う人もいます。

心理操作の世界では、よく知られていることですが、人は、こちらの発言に「イエス」と答えるほど、こちらのことを信頼するようになります。そこで、相手の信頼を獲得しようとすれば、できるだけ相手が「イエス」と言ってくれそうな発言をした方がいいのです。

逆に、「ノー」という答えが増えれば増えるほど、両者の間に親しみや信頼関係は生まれにくく、競争心や警戒心が沸き起こってしまうのです。

つまり、「違う」という言い方は、相手を拒否したり近寄らせないためには有効な言葉なのですが、安全基地となる人に使うには適さない言葉なのです。相手の言うことに「違います」と繰り返し五回も言えば、相手はもう何か言おうとする気を失ってしまうでしょう。あなたに対する共感も興味も失せ、早くあなたから離れたいと思うはずです。なぜなら、「違う」という言葉は、小さな棘《とげ》のようなものだからです。

「どうして、そんなこともわからないの?」とか「なぜ、それくらいやってくれないの?」といった言い方を、よく使う人がいます。こうした反語的な言い方も、安全基地との関係を安定化させるのにあまり適していません。なぜなら、反語的な表現や逆説的な表現には責めるニュアンスが伴いやすく、相手を素直な気持ちにさせるよりも、意地を張らせてしまうからです。

素直な反応がほしいのであれば、こちらも素直にいくべきです。「どうしてやってくれないの?」ではなく、「やってくれるとうれしいな」と、素直にお願いした方が、ずっと聞き入れてもらいやすいのです。

責めたり、貶したり、批判する癖も、安全基地の機能を弱らせてしまいます。責めるのではなく感謝する、悪いところを貶すのではなく良いところを褒める、批判するのではなく共感するということを増やすのが、安全基地の獲得や強化には有効なのです。

人が健康に生きていくには依存も自立も必要

愛着は、相手の安全基地となることで成立する関係です。その本質は、依存と世話であり、依存を許し、世話を与えることで成り立っているのです。小さい頃から自分のことは自分でやらせることは大切ですが、それを徹底しすぎると、早く自立する一方で、誰にも頼ったり甘えたりすることのない、クールな人格になりやすいと言えます。誰とも心を許し合うような親密な関係をもちたがらない回避型の愛着を示しやすいのです。このタイプの人は、愛着関係をもたないことで、冷たい現実に適応してしまったのです。

何事もほどよさが大切で、依存しすぎる場合には自分ですることを増やすことが必要ですが、逆に人に頼らなすぎて甘えられないという場合には、もう少し人に頼ることを覚えた方が適応力を高められます。

しばしば勘違いしやすいのは、依存は悪いことで、自立は良いことだと単純化して考えてしまうことです。人が健康に生きていく上では、依存も自立もどちらも必要で、そのほどよいバランスが大切なのです。

パートナー関係がうまくいかなくなったとき、とってしまいがちな間違った対応は、パートナーが自立しておらず、過度に依存している点が問題だと考えて、自立させようと急に突き放した態度をとることです。

ところが、その結果起きることは、関係がどんどん悪化して、攻撃や反目がエスカレートしていくことです。お互いの関係を終わらせるのには、こうした対応でよいのですが、より良い関係を望んでいるとしたら、それではまずいのです。

依存を許さないという態度をとってしまうことは、安全基地であることを拒否するということに他ならないので、愛着関係は早晩終焉《しゅうえん》に向かってしまうのです。

余裕をなくし、困っているとき、パートナーに話を聞いてもらおうとしたり、用事を頼んだりしたとしましょう。ところが、パートナーはそれに応じるどころか「なぜ、私が（おれが）そんなことをしなければならないの（んだ）。人に頼らずに、自分で何とかして（しろ）」という返事がきたとします。パートナーの願いに応じるどころか「いつも人にばかり頼らないでほしい」と、説教や人格攻撃まで加えられるかもしれません。

でも、そうなると、その人にとってパートナーは一番頼りたいときに助けてくれるどころか、自分を攻撃してくる存在となってしまい、安全基地ではなく危険地帯になってしまいます。

ところが、現実では、こうしたことがしばしば起きているのです。泣きっ面に蜂と言いますが、その蜂が、自分が頼りにしていたパートナーの一言だったりするのです。

回避型の人では、相手からの頼みが面倒に思えて、煩わしそうに気のない態度をとってしまいがちです。不安型の人は、相談して話を聞いてもらうことで自分を支えようとするので、それをスルーされたりすると、ものすごいストレスを感じてしまいます。不安型の人は、頼っている相手が、自分の求めに応えてくれると「いい人」と思いますが、応えてくれないと、たちまち「悪い人」となってしまい、攻撃が始まることも珍しくありません。

回避型の人は、何も悪いことなどした覚えもないのに、いきなり相手が不機嫌になり、責められるように感じ、また「ヒステリー」や「癇癪」が始まったと思うわけですが、実のところ、その引き金を引いたのは、相手が頼ろうとしたときに素っ気なくスルーしてしまったことだったわけです。

安定した愛着関係を維持し、安全基地を確保できるかどうかは、あなた自身の態度や反応が、相手にとって安全基地と感じられるかどうかにかかっているのです。

安全基地を安全にするためのワーク

次のワークに取り組んでみてください。

あなたにとって、安全基地となっている人は、どなたですか。複数いらっしゃる場合は、一番支えになってくれている方をお答えください。

あなたは、その人にとって、安全基地になれていますか。

あなたの安全基地を、安全なものに保つために、あなたにできることは何ですか。

安全基地になれない人からは、心理的、物理的距離をとる

あなたが努力しても、常識が通用しない相手やどうしても相性が合わない相手もいます。たとえ親であっても、安全基地となれない親もいます。

子どもは、そういう親であっても愛されたいと思い、認められようと涙ぐましいまでの努力をするのですが、それがまったく通用しないという場合もあります。親と会っただけで、体調を崩してしまうケースも珍しくありません。

好きで一緒になったはずのパートナーであっても、性的に惹かれ合う時期がすぎてしまうと、感性も価値観も異なる相手に、ただ幻想を抱いていただけだということが明白になることもあります。違いがあっても、安定した愛着が育まれた場合には、相手に対する思いやりや優しさ

を保ち続け、安全基地であり続ける幸運なケースもあるわけですが、もともとどちらかの愛着が希薄であったり、あるいは両価的で不安定だったりすると、愛情よりも怒りや嫌悪感ばかりが募ってしまうことになりかねません。

そうなると、まったく異なる者同士が、無理やり縛りつけられているようなことになり、互いを痛めつけ合うだけの関係になってしまいます。

友人や職場の上司、同僚との関係も基本的には同じことです。ある程度距離が近くなったとき、問題は起きやすいと言えます。距離があったときには何の問題もなく好印象だった人が、距離が近づいたとき、安全基地となれる存在か、そうでないかがはっきりするのです。

こちらが安全基地になろうとして努力しているのに、相手がそうではないということが明らかとなったとき、われわれにできる最善の策は、その人から物理的、心理的に距離をとることです。

愛着関係は、近い距離になったときに働き出す仕組みです。不安定な愛着は、距離が近づくことでスイッチが入るのです。親密な距離から遠ざかることが、冷静さを取り戻して病的な支配や攻撃を防ぐ、もっとも有効な方法なのです。

物理的に離れることは、極めて有効な対策だと言えます。しかし、物理的に離れることが、さまざまな事情で困難な場合には、心理的に距離をとることで同じような効果が得られます。

心理的に距離をとることは、相手に対して、あからさまに冷淡で無関心な態度をとるということでは必ずしもありません。

そうした方法は、相手からすると攻撃とみなされ、社会的にも、その行為が心理的ないやがらせと認定される場合さえあります。

そうなっては、あなたが悪者になりかねませんし、相手の反撃によって、よけいに神経をすり減らす危険もあります。物理的な距離をとることが難しい状況で、冷戦を戦うことは、エネルギー的にも無駄でしかありません。

むしろ、賢明なやり方は、この人はこういう人だと割り切ることです。相手のプライドを傷つけないように、形式的な面では配慮しつつ、心情的な面では深入りを避けるのです。相手をどうにかしようと思ったり、期待外れなことを嘆いたり責めたりすることも、やめるのです。

少し邪魔な場所にころがっている岩石か、ルームシェアしている変人の住人がいると思って、わざわざぶつかるようなことはせず、表面的には敬意を払いつつ、お互いの領分には踏み入らないようにするのです。

安全基地の形が変わる

人との出会いに恵まれない人や、人との関係に傷ついてきた人にとって、他人に安全基地を期待すること自体が難しくなっている場合もあります。

そういう場合に安全基地を提供してくれるのは、恋愛や家庭よりも、むしろ仕事や趣味ということも多いと言えます。

人々は平均値で見ると、どんどん自己愛的になり、そして回避的な傾向を強めています。それは心理的、社会的、文化的な特性であると同時に、生物学的な変化なのかもしれません。

われわれの生息する環境は、この数十年で劇的に変化しました。われわれはもはや百年前に生きていた人類とは同じではなくなっているのです。

百年前と同じように、人との親密なかかわりに喜びを見出す人がいるのは、もちろん結構なことですが、もはやそうではない人もその数を増しているのです。その新しい特性は、いいとか悪いとか価値判断されるべきものではなく、人類に起きている現実の変化なのです。

人が人に安全基地を求めた時代は、もしかして終わり始めているのかもしれないのです。ごく近い未来においては、安全基地は他者ではなく、ＡＩ（人工知能）を搭載したロボットが与えてくれるものとなっているかもしれません。

愛着の本性から考えて、われわれにとって重要なのは、それがロボットか人間かよりも、自分が求めたとき、それが相手をしてくれるかどうかということなのです。

心理学者ハリー・ハーロウの実験がいみじくも示したように、不愛想な生身の母親よりも、愛想よく反応してくれる母親ロボットの方が、子どもにとってずっと好ましいのです。

われわれにできる最善のことは、自分自身が自分の安全基地になるということかもしれません。そのためには、うまくいかないことで自分を責めないことも大事でしょう。人に求めすぎず、自分なりにやってみようとすることも大事でしょう。

自分の心の中に、人の評価や思惑によって左右されない領域を育み、自分なりにやったことを肯定できるようになったとき、周りとの関係も安定したものになるに違いありません。そして、あなたが抱えている過敏で傷つきやすい心も、外の世界と上手にバランスがとれるようになっていることでしょう。

おわりに

過敏性を理解し、克服の一歩を踏み出すためのレッスンも、いよいよ終幕です。私自身の経験も含めて、これまで三十年ほど精神科医として学んだことや経験したことから、過敏性を乗り越えるために役立ちそうなことは、できるだけ絞り出して伝授したつもりです。ここからは、あなた自身の意志と努力で、さらに歩みを進めていってください。

最後までお付き合いいただいた読者の方は、過敏であるという特性が、単なる神経レベルの傾向にとどまらず、意外に深遠で、奥深いところに根差していることを、あらためてご理解いただけたのではないかと思います。

この困った特性も、その性質をよく知って、うまく付き合えば、きっとマイナス面をプラスの力に変えることができると思います。

過敏であるがゆえに、味わうことができるものもたくさんあります。物事はすべて両面をもちます。過敏さゆえに、少し回り道をしたり、余分な苦労をすることも多いでしょう。でも、きっとそこから学べることや発見することもあると思うのです。そのためのヒントを一つでも二つでも、本書から得ていただければ、著者として、また同じ苦しみを抱えて生きてきた朋輩として、うれしい限りです。

最後になりましたが、過敏性の調査でご協力いただいたみなさまと、本書の完成を根気よく待ち続けてくださった、幻冬舎新書編集部の四本恭子氏に、心より感謝を申し上げます。そして、お読みいただいた読者の方の今後の人生に幸あれと願いを込めながら、筆をおきたいと思います。

二〇一七年初夏

岡田尊司

主な参考文献

『DSM-5 精神疾患の診断・統計マニュアル』日本語版用語監修　日本精神神経学会、高橋三郎、大野裕監訳・医学書院・2014年

『AASP青年・成人感覚プロファイル　ユーザーマニュアル』カタナ・ブラウン、ウィニー・ダン著、日本版監修　辻井正次、日本版作成　萩原拓、岩永竜一郎、伊藤大幸、谷伊織・日本文化科学社・2015年

『ささいなことにもすぐに「動揺」してしまうあなたへ。』エレイン・N・アーロン著、冨田香里訳・SB文庫・2008年

『ポジティブ心理学の挑戦』マーティン・セリグマン著、宇野カオリ監訳・ディスカヴァー・トゥエンティワン・2014年

『子どものためのトラウマフォーカスト認知行動療法』ジュディス・A・コーエン、アンソニー・P・マナリノ、エスター・デブリンジャー編、亀岡智美、紀平省悟、白川美也子監訳・岩崎学術出版社・2015年

『マインドフルネス　気づきの瞑想』バンテ・H・グナラタナ著、出村佳子訳・サンガ・2012年

『うつのためのマインドフルネス実践　慢性的な不幸感からの解放』マーク・ウィリアムズ、ジョン・ティーズデール、ジンデル・シーガル、ジョン・カバットジン著、越川房子、黒澤麻美訳・星和書店・2012年

『愛着障害　子ども時代を引きずる人々』岡田尊司・光文社新書・2011年

『回避性愛着障害　絆が稀薄な人たち』岡田尊司・光文社新書・2013年

『生きるのが面倒くさい人　回避性パーソナリティ障害』岡田尊司・朝日新書・２０１６年
『愛着と精神療法』デイビッド・J・ウォーリン著、津島豊美訳・星和書店・２０１１年
『愛着障害の克服　「愛着アプローチ」で、人は変われる』岡田尊司・光文社新書・２０１６年
『愛を科学で測った男』デボラ・ブラム著、藤澤隆史、藤澤玲子訳・白揚社・２０１４年
『ダリ』メレディス・イスリントン＝スミス著、野中邦子訳・文藝春秋・１９９８年
Bartels, M., “Genetics of Wellbeing and Its Components Satisfaction with Life, Happiness, and Quality of Life: A Review and Meta-analysis of Heritability Studies,” Behav Genet., 45(2), 2015
Bengtson, M. B. et al., “Irritable bowel syndrome in twins: genes and environment” Gut. 55(12), 2006
Burton, C. M. & King, L. A., “Effects of (very) brief writing on health: the two-minute miracle.” Br J Health Psychol.,13(Pt 1), 2008
Heinonen-Guzejev, M. et al., “Genetic component of noise sensitivity.” Twin Res Hum Genet. 8(3), 2005
McWilliams and Bailey, “Associations between adult attachment ratings and health conditions: evidence from the National Comorbidity Survey Replication.” Health Psychol. 29(4), 2010
Miedema, H. M. & Vos, H., “Noise sensitivity and reactions to noise and other environmental conditions.” , J Acoust Soc Am. 113(3), 2003
Park, J., et al., “Noise sensitivity, rather than noise level, predicts the non-auditory effects of noise in community samples: a population-based survey.” BMC Public Health, 17(1), 2017
Russek, L. G. & Schwartz, G. E., “Perceptions of parental caring predict health status in midlife: a 35-year follow-up of the Harvard Mastery of Stress Study.” Psychosom Med., 59(2), 1997

Sheldon, K. M. & Lyubomirsky, S., “The challenge of staying happier: testing the Hedonic Adaptation Prevention model.” Pers Soc Psychol Bull. 38(5), 2012

Sin, N. L. & Lyubomirsky, S., “Enhancing well-being and alleviating depressive symptoms with positive psychology interventions: a practice-friendly meta-analysis.” , J Clin Psychol. 65(5), 2009

Svedberg, P. et al., “No evidence of sex differences in heritability of irritable bowel syndrome in Swedish twins.” , Twin Res Hum Genet. 11(2), 2008

Trousselard, M. et al., “Is plasma GABA level a biomarker of Post-Traumatic Stress Disorder (PTSD) severity? A preliminary study.” Psychiatry Res. 241, 2016

著者略歴

岡田尊司
おかだたかし

一九六〇年香川県生まれ。精神科医。医学博士。作家。
東京大学文学部哲学科中退。京都大学医学部卒。
同大学院にて研究に従事するとともに、パーソナリティ障害や
発達障害治療の最前線で活躍。
山形大学客員教授として、研究者、教員の社会的スキルの改善や
メンタルヘルスのケアにも取り組む。
現在、岡田クリニック院長(大阪府枚方市)。大阪心理教育センター顧問。
『アスペルガー症候群』『境界性パーソナリティ障害』『人はなぜ眠れないのか』
『あなたの中の異常心理』『うつと気分障害』『発達障害と呼ばないで』
『真面目な人は長生きする』(すべて幻冬舎新書)、
『母という病』『父という病』(ともにポプラ新書)、『愛着障害』(光文社新書)、
『人間アレルギー』(新潮社)など著書多数。
小説家・小笠原慧としても活動し、作品に、横溝正史賞を受賞した『DZ』
『風の音が聞こえませんか』(ともに角川文庫)などがある。

幻冬舎新書 460

過敏で傷つきやすい人たち
HSPの真実と克服への道

二〇一七年七月 三十 日 第一刷発行
二〇二三年八月二十五日 第七刷発行

著者 岡田尊司

発行人 見城 徹
編集人 志儀保博

発行所 株式会社 幻冬舎
〒一五一―〇〇五一 東京都渋谷区千駄ヶ谷四―九―七
電話 〇三―五四一一―六二一一(編集)
〇三―五四一一―六二二二(営業)
公式HP https://www.gentosha.co.jp/
ブックデザイン 鈴木成一デザイン室
印刷・製本所 中央精版印刷株式会社

Printed in Japan ISBN978-4-344-98461-5 C0295
お-6-10

*この本に関するご意見・ご感想は、左記アンケートフォームからお寄せください。
https://www.gentosha.co.jp/e/